創刊の言葉

『新社会学研究』は、今から遡ること一七〇年前に「市民社会における不幸に係わる自己認識の科学」として出発した思想としての社会学本来の姿に立ち戻り、通時的には現代日本の文化、ジェンダー、親密圏、教育、エスニシティ、宗教、法律、政治、経済、産業の各所に遍く澱のように潜む矛盾や桎梏の揚棄、共時的には原発震災以降、顕著となった歪められたコミュニケーションによる市民社会分断からの防護等の諸課題に向けて、透徹なる分析に裏打ちされた有意味な批判ならびに、より良き未来を導く豊かな提言を投げかけることを可能とする、社会学の技術と精神の、普及、告知、称揚、涵養、発展、革新を図る学術誌たることを、その使命とする。

好井裕明・三浦耕吉郎・小川博司・樫田美雄・栗田宣義

巻頭言

『新社会学研究』は、「創刊の言葉」で記したとおり、社会学の技術と精神の、普及、告知、称揚、涵養、発展、革新を図る学術誌たることを、その使命とする。この理念に共鳴、賛同していただいた併せて六篇の珠玉の研究成果を核として、同人による文章を加え、ここに首尾良く、新雑誌創刊号を上梓することが出来た。頗る有り難く、幸運なことだ。

われわれ同人は、『社会学評論』の編集委員会同期メンバーであったが、会議後の居酒屋談義では、日本社会学会を愛して已まないが故に、『社会学評論』に伴走し、なおかつ挑戦する新雑誌の夢が語られた。新曜社の強力な扶けを得ることで、見果てぬ夢に終わることなく、われわれの構想は、昨年の同人創設に結実することになった。幾度もの同人会議と七百通近くにも及ぶメール交換を経た果実が本誌である。

この果実は甘いのか苦いのか、『新社会学研究』の意義と内容の評価は、読者諸氏ならびに、マンハイムがユートピアの定義で記したように、後世の歴史家にお任せすることにしよう。ただ、われわれ、同人は、社会学という愛すべきディシプリンを、世過ぎの糧と誹ることはしたくない。自身の威信や功名を得るための手立てに貶めることもしたくはない。かつまた、偏狭な理念や運動の囚人として縛ることにも抗いたい。デュルケムが宣べたように、僥倖にも人類が到達した知的最終地平に位置する社会学、という思索・実践・批判・内省からなる集合行為を介して、この世に生を受けた全ての魂と共に、聴き、感じ、想い、読み、語り、書き、作り、歌い、憤り、闘い、許し、請い、泣き、笑い、愉しみ、喜び、祝い、与え、捧げ、そして、祈りたい。心の底から欲し、それを望む。
無機質な形式主義に陥ること無く（faithfulness）、万人に公正な姿勢を貫き（fair）、自由（freedom）かつ友愛（fraternity）に満ちた、豊かな世界の再生もしくは新たなる創造に向けて、われわれの社会学の知的営為が、些かなりとも資することができれば、これに勝る喜びはない。

内海の彼方、淡路、讃岐、和泉を望む『新社会学雑誌』事務局、神戸六甲摩耶山麓にて

好井裕明・三浦耕吉郎・小川博司・樫田美雄・栗田宣義

目次

公募特集

生きづらさとはいったい何なのか

連載

装幀＝新曜社デザイン室

巻頭エッセイ

社会学と芸術

小川博司（関西大学）

劇団維新派の「オーイ……」

「オーイ……」
「オーイ……」

夏草が香り立つ野外ステージ。陽はとっくに沈み薄暗い。かなたにいる少年少女たちは声を揃えて叫ぶ。口ぶりからして遠くにいる誰かに向かって叫んでいるのだろう。どこの誰に向かって叫んでいるのか。走り去る蒸気機関車の牽引する列車に向かって叫んでいるのか。それとも、過去の世界に生きている彼ら彼女らが未来に生きる私たちに呼びかけているのか。あるいは、彼ら彼女らは、客席にいる私たちの過去の姿なのか……。

維新派の公演と言えば、そんな少年少女の「オーイ……」という声が印象に残る。どの公演でも必ずしも「オーイ……」が出てくるわけではない。だが、維新派の「オーイ……」は、維新派の世界観を象徴しているように感じられる。

大阪に拠点をおく劇団維新派は、大阪南港で、瀬戸内海の犬島で、琵琶湖畔で、奈良県の山中で、それこそ漂流するかのように、一九七〇年に活動を開始以来、各地に仮設の野外劇場を作り、上演を続けてきた。劇場も手作り、大道具、小道具も手作りである。音楽は主として内橋和久が担当し、ギターやダクソフォンという電子楽器を使用する。出演する四十人ほどの役者たちは時には台詞も話すが、音楽にさまざまな単語を乗せて歌いながら踊る。劇場に隣接して屋台村が併設され賑わう。

このユニーク極まりない音楽劇は、大阪新世界のジャンジャン横丁にちなんで「ヂャンヂャン☆オペラ」と呼ばれている。二〇一六年六月に主宰の松本雄吉（一九四六年生）が亡くなり、維新派の今後がどうなるかわからないが、二十年以上にわたり魅せられてきた劇団だ。

維新派は、社会学者である私にとって、当面分析の対象となる社会現象ではない。だからといって、私はただノスタルジックな世界に浸って満足していたのではないし、社会学者としての私にとって意味のない経験ではない。「オーイ……」も含めて維新派の存在は私の思考に何らかの影響を与えている。

社会学（者）にとって芸術とは

社会学にとって、あるいは社会学者にとって芸術はどのように意味をもつのか。社会学と芸術はどのような関係にあるのか。一九九六年、このテーマについての論考で、井上俊は以下のような認識を示している。

> 芸術は社会学にとってどのような意味をもっているか。こういう問いは、これまであまり問われることがなかった。まったくなかったとはいわないが、少なくとも、社会学においてポピュラーな問いであったとはいえない。[1]

この論考の後、文化についての社会学や、社会的文脈と絡めての文化研究が盛んになってきたにもかかわらず、社会学にとっての芸術の意味について考察はいまだほとんど行われていないように見える。

見田宗介は、芸術家と社会学者を対比させ、社会学者の特徴を語る。「芸術は芸術家が作られながら作るもの」というG・バタイユの言葉を引きながら、それは社会学でも同じなのだという。すなわち、「芸術家は天上からのインスピレーションから作られる」のに対し「社会学者は現実の他者からくる驚きから作られる」という。それでは、芸術家は天上と向き合い、社会学者は現実の他者と向き合ったまま、お互いに交わることはないのだろうか。社会学者と芸術家、社会学と芸術はどのような関係にあるのだろうか。

この問いに対して見田は「芸術は社会学者にインスピレーションを与える」と答える。[2] 確かにそうだ。だが、今日、芸術は社会学者にインスピレーションを与えているのだろうか。与えているにしても、どのように与えているのだろうか。そもそも社会学者は芸術からインスピレーションを得ようとしているのだろうか。

以下、二十年前の井上の論考を検討した上で、社会学と芸術の問題を考えてみたい。

社会学と芸術の関わり――三つの側面

井上俊は、社会学と芸術の関係について、三つの側面に分けて整理し論じている。三つの側面とは、第一に「説明対象としての芸術」、第二に「メタファーとしての芸術」、第三に「経験としての芸術／芸術としての経験」である。

「説明対象としての芸術」は、ある芸術がなぜある時代・社会において生まれたのかを社会的要因から説明しようとする側面である。「メタファーとしての芸術」は、芸術が、社会学者が社会を理解しようとする際になんらかのモデルやメタファーを提供するという側面である。芸術の中でも演劇は社会学と「役割」概念を共有する点において、社会学と親和性がある。「役割」概念だけではない。

K・バーク、H・D・ダンカンらは比較的マクロな社会構造の分析するにあたり、E・ゴフマン、P・バーガーらは、比較的ミクロな相互作用の場面を分析するにあたり、演劇に社会を説明するモデルを求めた。

「経験としての芸術／芸術としての経験」は、芸術による「想像的経験」(J・デューイ)が社会学に対してなんらかの洞察や示唆をもたらすという側面である。芸術家の想像力が社会学者の想像力を刺激し、芸術は時に「一種の予言」「可能性の暗示」となる。井上は、ここに「芸術を通しての社会学」「芸術からの社会学」が可能になるという。

「説明対象としての芸術」の肥大化

社会学と芸術の関係について配慮の行き届いた整理である。しかし、二十年という年月を経た今日改めて気づかされることがある。

それは「説明対象としての芸術」という側面の肥大化である。今日の社会学は、人気の説明、すなわち人気のある文化がなぜ人気があるのかを説明することに勤しんでいるように見える。同時に、社会や社会学を説明するために芸術を素材として利用することも盛んになってきているように見える。とりあげられるのは、音楽、テレビ、映画、コミック、アニメ、ゲーム、ファッションなど、ポピュラー文化(これらは近年、文化コンテンツと呼ばれることもある)であることが多い。なぜそのような文化が流行るのか、その文化が流行ることにはどういう意味があるのかが考察される。さらには、ある文化コンテンツを創作しているのはどのような人々で、どのように作られているのか、ある文化コンテンツを享受している人はどのような人々で、どのように享受されているのかが考察される。ポピュラーな(人気のある)文化を対象にするのだから、人気の説明になるのは当然といえば当然である。若者の一部に人気があるサブカルチャーであってもそれは変わらない。

芸術と文化とは異なるという見解、ましてや、芸術とポピュラー文化とを同列に議論することはできないという意見もあるだろう。だが、芸術作品とポピュラーな作品文化としての文化もしくは文化コンテンツは連続しており両者の間に明確な境界があるわけではない。それに今日、高級文化としての芸術のみを対象にしていたら、社会学と芸術のごく限られた関係しか見ていないことになる。ここでは、ポピュラーな作品文化も含めて考えていくことにする。

発表される著書・論文の数から見れば、芸術を説明対象とすることに集中しているばかりに、「経験としての芸術／芸術としての経験」の側面が忘れられている、あるいは軽視されているように見える。これも当然といえば当然で、社会学者が芸術からさまざまなインスピレーションを得ているとしても、「経験としての芸術／芸術としての経験」の側面については、著書・論文として発表するのが難しいので、「説明対象としての芸術」に比べれば、そのことを表明する機会がないのだと考えられる。あるいは、機会がないのではなく、「企業秘密」としてあえて表明しないのだということも考えられる。さらにまた、そのようなことを表明するのは気恥ずかしいという人もいるかもしれない。

反対に、極端な可能性として、芸術からなんらインスピレーションを得ていないということも考えられる。次に作っていく社会のイメージについて熱く語られた一九六〇年代から七〇年代に比べると、現在はあるべき社会についての議論はおとなしいものになっている。一九七〇年代初めの異議申し立て運動の終焉、一九八〇年代末の東西冷戦の終結を経て、長期的な視野で理想の社会をグランドデザインすることへの熱は冷めてしまったように見える。目前の現実の問題を解決するためのピースミールな改革に役立つような成果を出すことこそ社会学の使命とばかりに、地道な実証的な研究が続けられている。現実問題として、査読に通りやすいのはそのような研究であり、「大きな物語」にかかわる論文は、査読には通りにくいし業績にならないのだ。社会学に取り組んでいる人であれば、程度は人によって異なるにしても、あるべき社会のことを考えているだろうと思われるが、芸術からなにかインスピレーションをもらう必要はないと考えている社会学者もいるのかもしれない。

井上俊の論考で挙げられている芸術のおおかたの例は文学である。演劇も取り上げられてはいるが、リアリズムを追求する新劇タイプのものだ。芸術と社会学の関係を考える時、旧来の演劇を否定し演劇を劇的に変えた、一九六〇年代以降の演劇における小劇場運動が新たな見方を提供してくれるように思われる。

小劇場以降の演劇と社会学

具体的な名前を挙げないが、一九六〇年代末から一九七〇年代初めにかけて大学学部時代をすごしていた社会学者には、演劇を実践していた人が多い。これは単なる偶然ではない。演劇と社会学の間には「役割」という共通項があるがゆえにもともと親和性があるが、一九六〇年代の小劇場運動は、現象学的社会学や身体への関心など、当時の社会学の新しい潮流と共振していた。

小劇場運動は、西洋の戯曲の翻案を上演する、リアリズムを追求する旧い新劇に対抗するメタ演劇の運動だった。中心にいたのは、鈴木忠志（一九三四―）、佐藤信（一九三四―）、寺山修司（一九三五―一九八三）、唐十郎（一九四〇―）が主宰する劇団だった。小劇場は新劇が自明のこととしている常識をいろいろな形で打破しようとした。常設の劇場ではなく、仮設のテントを劇場とした。劇団主宰者のオリジナルの脚本により上演した。バタ臭さを嫌い土着的なテイストを強調した。芝居の最後にテントの一部を開け、虚構の世界と現実の世界の境界を攪乱させようとした。

一九七〇年代半ばから一九八〇年代にかけては、つかこうへい（一九四八－二〇一〇）の芝居が人気を博した。『熱海殺人事件』が紀伊國屋ホールで上演されるようになった一九七八年から、劇団の解散公演で『蒲田行進曲』が上演された一九八二年までが、つかこうへい劇団のひとつのピークと見ることができる。『熱海殺人事件』『蒲田行進曲』、そして他の多くのつか作品に共通しているのは、演技すること自体を芝居のテーマにしていることである。

一九八〇年代半ばからは、野田秀樹（一九五五－）が主宰する劇団夢の遊眠社が一番の人気になった。『野獣降臨（のけものきたりて）』（一九八二年）、『半神』（原作は萩尾望都のコミック、一九八六年）では、人間とはなにかを、動物との対比において、あるいは化け物との対比において、真っ正面から問いかけた。野田は、脚本、演出を手掛けるとともに、自らも役者として出演した。言葉遊びを織り込んだ台詞で観客を笑わせつつ、観客をテーマの核心へと誘っていく。

劇団解散後は、演劇企画製作会社NODA・MAPによるプロデュース公演の形をとることになった。『キル』（一九九四年）は消費社会、『赤鬼』（一九九六年）は排除される者を作り出すことにより成り立つ共同体のあり方、『Right Eye』（一九九八年）はジャーナリズムのあり方、『パンドラの鐘』（一九九九年）は原爆と戦争責任という、社会学者と関心を共有できる問題が取りあげられた。

二十世紀に入ると、つかや野田の「うるさい芝居」に対して、平田オリザ（一九六二－）らの「静かな芝居」が現れた。平田オリザ主宰の青年団による『ソウル市民』（二〇〇六年）では、家族の食卓を囲んでの静かな会話が淡々と進むなかで、善意の市民たちの差別意識が静かに暴露されていく。もはや観客を笑いでつかんだりはしない。次世代の前川知大（一九七四－）が主宰するイキウメによる、例えば『太陽』（二〇一一年）では、壮大なスケールで人類のかかえる問題が提起される。世界的なバイオテロにより拡散したウイルスで人口が激減した近未来の地球では、奇跡的に回復した地下に住む人間（太陽光に当たると死んでしまう）が権力者となり、地上で暮らす人間を支配している。舞台では両陣営の軋轢が描かれるが、両陣営の共存の可能性が示唆されて幕となる。

一方、NODA・MAPは二十一世紀に入ると、『エッグ』（二〇一二年）、『逆鱗』（二〇一五年）と、オリンピックや水族館を舞台に華やかに始まりながらも、後半は戦前・戦時の日本国家の支配体制を暴露する、告発型のものが多くなる。

再び、社会学（者）にとって芸術とは

社会学を解説するような演劇も時々ある。芝居の中で文献の解説をすることすらある。社会学者にとって、そのような演劇はおもしろくない。おもしろいのは、社会学者が考える以上のなにか、社会学者が語る以上の何かを伝えてくれる演劇だ。

例えば、野田秀樹の『半神』が描く社会のイメージには魅せられた。主人公は女の子のシャム双生児である。開演前から劇場には双生児デュオ、ザ・ピーナッツの歌声が流れている。主人公は女の子のシャム双生児である。身体がつながっている双子のうちの一人は、「ひとりじゃないってすてきなことね」なんて歌う歌謡曲は大嫌いだと言う。一度でいいから独りになりたいんだと。二人で一つの心臓を共有している双子は成長して、どちらか一人が選ばれて生き残ることになる。選ばれた一人は「孤独」を獲得する。そして、選ばれなかった一人は「孤独」な者たちをつなぐ音＝「霧笛」となる。複数の人の声が作り出す「霧笛」が響き芝居は終わる。

これを説明対象としても、たいしておもしろい社会学的な分析にはならないだろうし、社会現象を説明する教材としても、具体性に欠けるだろう。だが、社会学ってこういうことを考えることではなかったっけと、初心に帰らせてくれるような効果はある。こういうのが「経験としての芸術／芸術としての経験」なのだと思う。そこから、新しい社会のあり方について、インスピレーションを得ることもある。

芸術作品を言語で説明していくのは、美学者であろうと社会学者であろうと、研究者の仕事のひとつである。芸術を対象にしていく以上は、懸命に言語で説明する努力をしなくてはならない。説明の対象として分析するのも、授業の教材として活用するのも、そんな努力の一部である。だが、時には、言語化できない何ごとかを身体のレベルから投げかけて来る芸術を経験することもある。舞台芸術はさまざまな芸術が統合されているうえ、自由に時間・空間を跳ぶことができるので、そのような力をもつことが多い。それは文字で書かれた文学に還元することはできない力である。

冒頭に紹介した維新派の演劇はまさにそのような経験である。二〇一六年一〇月に、奈良の平城宮跡で主宰者、松本雄吉の遺作となる『アマハラ』が上演される。奈良の地で観客は新たな挑戦を受けることになる。

［注］

［1］「社会学と芸術」『岩波講座現代社会学8　文学と芸術の社会学』岩波書店、一九九六年。

［2］日本社会学会第八八回大会　若手フォーラムB「社会学を創造する——見田社会学との対話」（二〇一五年九月、早稲田大学）

特集〈いのち〉の社会学によせて

三浦 耕吉郎（関西学院大学）

私たちの〈いのち〉に係わる広大な領域。そこには、社会学によっていまだに手をつけられていない未踏の沃野がひろがっている。

もしも「〈いのち〉の社会学」が成り立ちうるとすれば、すべての人間や生物にとっての「〈生〉の偶有性」（生を受けるとは、きわめて確率の低い偶然性の重なりの結果であり、当人の意思とは無関係であるという事実）と「〈死〉の不可避性」（誰もが例外なく死すべき運命にある）という逃れられない現実を直視するところから出発することが必要である。逆にいえば、これらの現実を直視することなしに、「〈いのち〉の社会学」を構想することは不可能だろう。

しかしながら、現代社会において、「〈生〉の偶有性」という問題は、「あらゆる命はかけがえのないものである」といった生命現象を一元的に美化するイデオロギーによって思考停止に追い込まれ、「偶有的な〈生〉の多様性」を理解するために必要なイマジネーションは決定的に枯渇、貧困化してしまっている。また、「〈死〉の不可避性」という問題についても、医療現場やマスコミ報道における死のタブー化によって、今日における「〈死〉の多様なあり方」が、私たちの目から覆い隠されてしまっている。これらの事態を批判的に考察し、〈生〉や〈死〉にたいする想像力を解き放っていくこと、これも「〈いのち〉の社会学」の重要な課題となるはずである。

そうしたなかで、日本社会は、いま、「（人の）いのちを終わらせること」の是非をめぐって、きわめて大きな曲がり角にさしかかっている。二〇一三年から限定的に導入された新型出生前診断、然り。国会で継続審議中の尊厳死法案、然り。これらの動きは、近い将来、私たち一人ひとりが、人生の様々な節目において、「いのちの選別」や「生きるに値するいのちの判定」をするかしないかの決断を避けては通れなくなっていく現実を、きわめて先鋭的なかたちで先取りしているといっても過言ではない。

もちろん、こうした動向にたいしては、すでに、重度の障害や難病をもった当事者や生命倫理に関心をもつ人びとから、根本的な危惧や批判の声があげられてきている。胎児に障害があることを理由として人工妊娠中絶を認めることは、障害者への差別につながる。尊厳死の法制化は、生きるのに延命措置を必要としている人たちへのプレッシャーになる。等々。これらの批判は、論理的にも規範的にもきわめて正当なものであり、「〈いのち〉の社会学」の根本に位置づけられるべき問題にほかならない。

だが、現実的には、日本で新型出生前診断により胎児に障害があると判明した人の九割以上が中絶を選択しているという事実や、欧米における安楽死や自殺幇助プログラムなどに依拠する「死ぬ権利」への関心の高まりといった趨勢をみる限り、社会意識の水準では、「障害はあるよりないほうがいい」「本人が望んでいるのだから、尊厳死や安楽死は認められるべき」といった考えが増加しつつあることは否定できない。これらは、かつて徹底的に否定されたはずの国家による優生思想が、個々人の自己決定の論理によって正当化され、復活していく薄気味の悪い近未来社会を暗示するもののようでさえある。

このような危機的な状況のさなかにあって、私たちが今回試みたいこと。それは、上記の視点に立って、「偶有的な〈生〉の多様性」や「〈死〉の多様なあり方」を具体的に描き出すことによって、〈いのち〉についてリアルに考える契機をつくりだすこと、さらには〈いのち〉の問題に確かにふれたという生々しい感触を、読者とともに共有することである。

具体的には、各々の執筆者がフィールドで体験してきた「いのちを支える」とか、「いのちが終わる」といった出来事に定位しながら、葛藤と矛盾に満ちた現場のなかで右往左往する自己や他者の経験を詳細に描きだすとともに、そうした状況を乗り越える論理なり思考が人びとの営みのなかで編みだされるプロセスや瞬間の輝きを、分厚い記述によって提示することをめざしている。

そのさい、私たちがとりわけ留意したこと。それは、研究者自身が、黒子にならずに、個々人の生身の身体を、つまりは研究者としての存在を文章のなかにさらけだすことである。そうして、現場で出会った人びとのさまざまな声に、徹底して耳を傾けることである。いずれ、その声は、執筆者や読者諸氏の肉体を通り抜けることによって、ということは、何十回、何百回という自己内の対話を経ることによって、私たちに〈いのち〉をめぐる新しくリアルな現実を突きつけてくるにちがいない。

特集　〈いのち〉の社会学

〈尊厳ある生〉のなかでの看取りとは？

——極私的社会学・序

三浦耕吉郎（関西学院大学）

1　「憧れのハワイ航路」の謎

晴れた空　そよぐ風　港出船の　ドラの音愉し
別れテープを　笑顔で切れば
望みはてない　遥かな潮路
ああ　あこがれの　ハワイ航路
（作詞：石本美由紀　作曲：江口夜詩　一九四八年）
JASRAC出1610101-601

たくさんの切り花で飾られた父の遺影。その下に安置された純白の柩。揺れる燈明の灯りと、焼香のほのかな香り。そして、喪服に身をつつんだ会葬の人たち。そんな厳かな雰囲気にみちた葬儀会場に、突如（音量を絞ったとはいえ）賑々しい岡晴夫の「憧れのハワイ航路」が流されると、一時、会葬者のあいだには、ほっと和んだような笑みが広がったのだった。

父は、その二日前の、二〇一五年十二月十二日に、千葉県流山市にある認知症の人のためのグループホーム「わたしの家」で、九十九歳の生涯を終えていた。死因は老衰で、高齢のわりには、臥せったのは最後のわずか一週間のみ。今の日本社会では、「平穏死」とか「満足死」とか呼ばれる、いわゆる自然死（老衰死）だった。

——お父様は、ここ何ヵ月かずっと体調がよくて、食事もよく食べられていました。寝込まれるようになるつい二、三日前も、お気に入りの歌に合わせて、楽しそうに体をゆすってリズムをとったりするほどお元気だったんですよ。そのときかかっていたのが「憧れのハワイ航路」。ほんとに、先生（父は医者をしていたのでホームでもこう呼ばれている）はお好きでしたねぇ、この曲が……。

右のような話を、七年以上にわたって「わたしの家」で父をケアしていただいていたスタッフの方から伺ったのは、最後の床についた父を見舞ったときのことだった。そこで私と姉は相談して、それなら最晩年に父が好きだったというその曲をかけて父を送ってあげようということで、葬儀は先のようなちょっと異例の音楽葬となったのだった。

それにしても、「わたしの家」とは、なんとも不思議なところである。スタッフの方々の口からもたらされる「わたしの家」における父の姿は、いつもこのように、これまで私の知っていた父とは、どこかちがう新鮮な相貌を呈して現れてくるのである。

「憧れのハワイ航路」への父の嗜好も謎だし、そもそも、家庭内では気難しがり屋だった父が、ここでは「癒し系のおじいちゃん」として、スタッフのあいだで人気者であったということなども、はっきりいって驚き以外のなにものでもなかった。

ところで、今日の日本において、父のような自然死（老衰死）を遂げることは容易ではない。なぜなら、私たちは、死にゆく人を、「（日常的なケア以外のことは）何もせずに看取る」という、かつての日本人がもっていた伝統的な作法をすっかり忘れてしまっているからである。

このたびの父の看取りを通じて、私は、「わたしの家」のスタッフの皆さんから、きわめて現代的なかたちでの「何もせずに看取る」作法を教えられた。そして、これが肝心な点なのだが、そのような看取りの作法を可能にしたのは、まさに「わたしの家」という不思議の空間の存在そのものではなかったかと、この七年を振り返って今更のように思うのだ。

なお、このエッセイのキーワードである〈尊厳ある生〉という言葉。この語は、言うまでもなく、尊厳ある死を意味する「尊厳死」との対比で用いられている。

「尊厳死」とは、終末期（人生の最終段階）において、延命治療の中止ないし非開始にかんする患者の意思決定を尊重すべきだとの立場にたつ考え方である。

ただ、私自身としては、「尊厳死」という考え方のなかに、死の自己決定、すなわち自殺に非常に近い要素が含まれていることに、ずっと違和感を感じてきた。というのも、終末期における人工呼吸器や胃ろうの取り外しや、人工透析の取りやめの決定は、患者を直接的に死にみちびくからである。

そもそも、過剰な延命治療や、単なる延命治療が医療現場にはびこってきた背景には、今日の医療制度自体の抱える歪みなり問題が横たわっている。にもかかわらず、「尊厳死」という発想は、それを根本から改革することをせずに、患者の意思決定のあり方へと問題をすりかえてしまっているといわざるをえない。なぜ、患者は、終末期になったとたんに、それまでにはなかったような医療の決定プロセスへの強い関与を迫られなくてはならないのだろうか。[1]しかも、直接その結果として自らに死をもたらすことになる決定が、他者（医療者）の免責にも深くかかわっているとすれば、状況次第では、その決定は、もはや患者の自由意思による決定とは言えなくなるのではないか……。[2]

そこで考えてみたいのが、死にゆく者が死に臨んで、みずからの死の時期を自己決定する必要のない〈死に方〉についてである。[3]たとえば、「平穏死」を提唱した石飛幸三は、それを尊厳死と比較しながら、次のように述べている。

> 尊厳死というのは、本人の意志の主体性を重んじる概念ですが、平穏死というのは穏やかな、自然な、いうなれば神の意志による死という概念のものであります。（石飛 2010: 115）

そうした点では、「平穏死（自然死）」とは、意思決定が難しい父のような重度の認知症の人たちにも平等におとずれうる死であるといえるし、また、じっさいに、父はそのような死をとげたのだった。それは、延命治療によって尊厳を奪われた患者の人たちが、せめて死期を自分で選ぶことによって尊厳を取り戻そうとする「尊厳死」とは、まったく異なった死生観に立つものである。その点で、「平穏死（自然死）」とは、いわば〈尊厳ある生〉のなかでの従容とした死だということもできよう。

このエッセイは、そのようにして逝った父にたいして、グループホームのスタッフの方々と私たちの家族が協同しておこなった看取りの記録である。

2 「わたしの家」へ

東武線の運河駅で下車して、武蔵野の面影をのこす雑木林や、黒々とした畑地のあいだに点在する農家のたたずまいを眺めながら、二十分ばかり歩いていく。お寺と神社のあいだで分岐するかつての農道をうねうねと下っていった一角に「わたしの家」はあった。

この「わたしの家」は、本来、初期ないし軽度の認知症の人たちが、それぞれ自分のできることを分担しあいながら共同生活を送っていくための施設として設立された。[4]だから、私が通い始めた七年前は、生活の場であるリビングルームは、洗濯ものをたたんだり、食事の支度をしたりする利用者の人たちとスタッフとがまざりあって、和気あいあいとした賑やかな雰囲気に満ちていた。そして、ひょっと見には、誰が入居者で、だれがスタッフかわからなくて、なんだか不思議な世界に迷い込んだような気がしたものだった。

そして、利用者の家族会をまきこんで、季節の行事（花見会、納涼会、敬老会、クリスマス会、新年会）や日帰りツアー（ディズニーランド、池袋サンシャインビル、東京タワー）など、さまざまな行事が年間を通じて企画されていた。その発想の大本には、利用者にたいして少しでも刺激となり、楽しい気分を味わってもらえる時がもてれば、というスタッフたちの思いがあった。

もちろん、認知症の人たちへの介護という点では、日夜、さまざまな困難が持ちあがっていたといっても過言ではない。

入浴や排泄のさいの衣服の着脱やオムツ替えにたいする抵抗や、繰り返される弄便への対処。夕方になると家に帰りたがる人や、じっさいに帰ろうとして外出してしまった人への説得や見守りや尾行（！）の取り組み。あるいは、ときに利用者から受けるハラスメントや暴力にたいする対応策の模索。食事の時間を、利用者とスタッフがともに享受しつつ楽しめる場にするための工夫、などなど。

このような困難な出来事にたいして、「わたしの家」のスタッフは、いったい、どのように対処しているのだろうか。

その点について質問すると、「（悩みを）一人で閉じ込めとかない」とか「笑い話にもってっちゃう」という回答がかえってきた。

これらの問題に本格的に踏み込むのは、このエッセイの続編でのことになるだろうけれど、いかにも「わたしの家」らしい回答である。たとえば、弄便をめぐるつぎの会話は、「わたしの家」的な開放性を象徴しているようにも思う。

——それこそ、先生も（笑）、光景を見ないとね、想像できないぐらいの、ま、いろんなその、ね、その方の、弄便、ありますしね。ま、その人の、生活のね、そういうのも一部だから

——そうですよ、朝行ってみると、もぅ、そのへん全部うんこだらけで

——へへへへ

——頭からなんから

——よく、当たったんですよ、私も。部屋あけると、きゃー

——それとか、ある人はね、「おはぎ、姉さんおはぎ食べてや」（笑）ってもってきたりね

——紙に包んで、おいてあったりとか、昔はありましたよね

——そういうときに、はっと一瞬思うんだけど、そこで私

たちは引かずに、あっ、その人にとっては、大事な食べ物なんだと、だから、それにたいして
——ありがとう、って（笑）
——そうそう、そこが大事なんですよ
——本人は、食べ物だと思ってますもんね
——私たちは、その相手にたいして、決して怒らない
——きゃー、とかは言いますよね、まぁ。家庭ではそうもいかないでしょうけど

じっさい、身内の者によるこのような弄便行為を目の当たりにした家族は、愕然として、これからどうしよう、まずは、どう処理したらいいだろうと、絶望的な気分におちいるものである。そうして、徐々に怒りのような感情がわいてきて、いけないとはわかっていても、ついつい、叱咤の言葉を投げつけてしまうことも……。

そんな経験をしてきた家族にとって、「わたしの家」のスタッフのように弄便行為を笑いにくるんで話題にすることなど考えられないことかもしれない。とはいえ、こんなかたちで弄便についてあっけらかんと語られる空間が存在すること自体、精神的に追い込まれた家族にとっては、一つの救いになるのである。

また、ここで働くスタッフの方々のなかで職場への評価が高い（「自分たちの心地よい居場所になっている」「ここで働くのが楽しい」）のも、そうした開放性と無関係ではないだろう。結婚して栃木から流山へ移ってきたあるスタッフは、仕事場である「わたしの家」に子連れで出勤していた当時のことを、こんなふうに振り返っていた。

——ここでは、お世話になりっぱなしで、ふふふふ。私、子どもと一緒にここに通ってたもんですから（笑）。ま、三歳までは自分のもとで（育てたい）と思っていたら、ホーム長も、もぅ、連れてきなさいって言ってくださったので。ほんと、利用者さんも、（子どもがいると）皆さん笑顔でしたもんね、も、（お互いに）癒しでしたよね。（利用者の）Hさんなんか、面倒をみて、後を追ってくれて、危ない危ないとか言って。だから、いろんな意味でメリットの方が大きいですね。なかなかこんな職場、ないですよ。（同業者の）皆に話すとびっくりされますよね。「いいんだー、そんなとこあるんだー」みたいな感じで。（子どもにとっても）認知症っていう、まだそういう理解がないときには、「なんか、おかしいね」って。「おかしいけど、でも、それしかできないんだよね」っていう感じで（それなりの受けとめ方をしているし）。で、うちの子たちは、三浦さんが大好きだったんですよ。「みうらじいじ」「みうらじ

いじ」ってゆってー。そう、も、ほんと、三浦さんなんか、うちの子を見ると、笑顔、ほんと満面の笑顔で、うん。

このように利用者とスタッフ、そしてときにはその家族が、寝食を共にしながら混然一体となって生活しているこの雰囲気こそ、まさに「わたしの家」の〈わたしの家〉たるゆえんかも知れない。

では、このような「わたしの家」で、どのような看取りの作法が生みだされているのか、それを次に見ていこう。

3 看取りの準備

――もう、そろそろお父様の看取りについても考えておいた方がよい時期になりました。もしも、お父様が食べたり、飲んだりすることができなくなって、最期のときが近づいたときに、ご家族としては、病院に搬送することを望まれますか？　それとも、このホームで看取ることを望まれますか？

二〇〇一年にグループホーム「わたしの家」がオープンして以来、ホーム長を務める大角さんから、姉や私にたいして（私には、一度は電話で、二度目は対面した状態で）このような相談があったのは、父が入所してから二、三年が過ぎた頃のことだったと思う。

入所以来、父は、肺炎を起こして一、二週間の入院をするということを何度か繰り返していたこともあって、私としても、いつ何が起ころうとも覚悟はできているつもりだった。ただ、父の〈死に場所〉や〈死に方〉にかんするあまりにもストレートな質問だったので、ものすごく新鮮な印象を抱いたことと、「あ、この人は本気だな」と感じたことを今でもよく覚えている。

なんといっても、死が近近に迫りつつある身内の〈死に場所〉や〈死に方〉について、具体的に人から尋ねられたのはこれがはじめてだった。ともかく、この相談が、私たち家族にとって、「わたしの家」における看取りの準備の第一段階だったことはたしかである。

そして、姉も私も、迷いなく「できればホームでの看取りをお願いします」と答えたのだったが、それは、父にとってみれば、すでに終の棲家となった「わたしの家」での在宅死の選択を意味していた。

そのとき、姉も私もお互いに口には出さなかったけれど、じつは、あるシンクロした思いを抱えていた。それは、十年ほど前に亡くなった母のことである。

末期がんだった母は、それ以上の治療を拒否して自宅で二ヵ月ほど療養していた。しかし、検診で腹水の処置や点滴が必要だとすすめられたため、母も同意のうえで一週間入院したものの、結局、退院の二日後、病院での医療的措置をひきつぎ、点滴や導尿の管を体につけたまま息をひきとった。

私の見たところでは、入院して点滴をはじめると、てきめん母の顔や体はむくみだしたし、表情や意識の水準もそれ以前に比べて別人のように様変わりしてしまったのだった。

リビングウィルを文書にこそ残していなかったけれど、「寝たきりになりたくない」「病院で管につながれて死ぬのはいやだ」というのが口癖だった母に、あの最期の十日間の医療的措置はほんとに必要だったのか、もっと母の望んでいた楽な死に方があったのではないかという悔いの思いが、私たちのなかに消えずにわだかまっていた[5]。

そして、この母を看取った経験が、私たちに教えてくれていたこと。それは、医療制度内において患者がみずからの〈死に方〉をめぐって意思決定をおこなうことの困難性と限界性についてであった。

それにたいして、大角さんの私たちへ問いかけは、とてもシンプルな解決策を提示しているように思われた。

それは、(とくに病のない)高齢者が自力で食べたり飲んだりできなくなったときに、できるだけ入院という選択肢を避けることであり、言うなれば、〈終末期における「医療との距離化」の提案〉といってよいものだった。

これに関連して、医師の中村仁一は、自然死(老衰死)と医療措置との矛盾について、次のように述べている。

> 死に際は、何らの医療措置も行わなければ、夢うつつの気持ちのいい、穏やかな状態になるということです。これが、自然のしくみです。自然はそんなに過酷ではないのです。私たちのご先祖は、みんなこうして無事に死んでいったのです。ところが、ここ三十〜四十年、死にかけるとすぐに病院へ行くようになるなど、様相が一変しました。病院は、できるだけのことをして延命を図るのが使命です。しかし「死」を、止めたり、治したりすることはできません。しかるに、治せない「死」に対して、治すためのパターン化した医療措置を行います。例えば、食べられなくなれば鼻から管を入れたり、胃瘻《いろう》(お腹に穴を開けて、そこからチューブを通じて水分、栄養を補給する手技)によって栄養を与えたり、脱水なら点滴注射で水分補給を、貧血があれば輸血を、小便が出なければ利尿剤を、血圧が下がれば昇圧剤というようなことです。これらは、せっかく自然が用意してくれている、ぼんやりとして不安も恐ろしさも寂しさも感じさせない幸せムードの中で死んでいける過程を、ぶち壊しているのです。(中村 2012: 49–50)

だが、この文章に続けて中村が、「しかし、患者、国民のみならず、医療者にもこの認識が欠けています」とつけ加えているように、このような状況において、私たち（すなわち「看取らせる側」、ないし「看取る側」）が、医療者との関係をどのように築いていくかが重要な課題となるだろう。

ただ、その前に、「わたしの家」で、そもそも「看取り」とは何かについて、改めて考えさせられた出来事について是非ともふれておきたい。

4 「看取り」は、もう、はじまっていた！

――私は、三浦先生（父のこと）の終わり方が、いいかたちになってくれればいいなといつも願いながら、先生がどんなふうに変わっていくのか、どのように枯れていくのかを、おそばで見守ってるんです。

「わたしの家」で管理者を務める金子さんは、十五年前のオープン当初からここで働くベテランだが、まだ保育園に通うお子さんのいるお母さんでもある。その金子さんから、右のような発言を父が亡くなる半年ほど前に聞いたとき、私は一瞬、ドキッとさせられた。

なぜというに、ちょうど一年後の父の百歳の誕生日にどんなお祝いの会をしようかとスタッフの方たちと盛りあがっていた頃でもあり、それまでの私は、父の具体的な「終わり方」がどうなるかについて考えたこともなかった。というか、近いうちに来てもおかしくない「父の終わり」について想像することを、無意識に避けていたのだと思う。

結局、これまでに臨終の瞬間を看取ることができた唯一のケースであった母のときも、今から思えば、私は母親の死という人生における未曽有の事態に遭遇して相当うろたえていたようだ。じっさい、母が深夜に息をひきとるまでのその日の容体の変化については、不思議なことに、まったく記憶に残っていないのである。

それが、どうだろう。ここでは、私よりはるかに若い金子さんのような方が、目の前にいる人たちの「終わり方」を常に念頭におきながら、彼ら／彼女らの毎日の変化を、その人の終わりに向かう一過程として、意識的にとらえようとしているではないか。

言い方をかえれば、彼女にとっては、高齢の入所者が入ってきたときからすでに、ということは、終末期といわれる状況になる以前から、その人にたいする「看取り」がはじまっているともいえるのだ。

金子さんのこのような看取りの姿勢と、身近な人の「終わり方」を考えるのを先延ばしにしてきた私の姿勢とには、それこそ雲泥の差があることを知って本当にショックだった。

そのことに気づいてみると、それまで目にし、耳にしていたスタッフの方たちの何気ない日ごろの言動が、「看取り」と不可分なものとして見えてきたのである。

たとえば、父が亡くなる二十日ほど前のこと。

父の面会に行き、広いリビングルームにある応接用のソファにかけて、自室から車椅子にのせてきてもらう父を待っていると、専門学校を卒業してその年の四月からスタッフに加わったばかりの青年が、「どうぞ」とお茶をだしてくれた。そして、「お久しぶりです。いま夜勤明けなんです」と挨拶すると、そのまま私の前にすわりこんだのだった。

「おやっ」と思っていると、彼は、「三浦先生が昔どんな人だったか、教えてください。僕は、今の先生のことしか知らないので……」と真剣な顔で尋ねてきた。

じつは、これまでに何度か言葉をかわした際に、「利用者の方とコミュニケーションをとるのが難しい」と悩んでいた彼から、いつか機会があったら昔の父のことを話してほしいと頼まれていたのだった。

どうやら、これが彼にとって利用者の家族に試みたはじめての聞き取りだったようで、後に金子さんから伺ったところによると、彼はすぐに私のした話を父の介護に応用して、「先生、昔、株をやってたんですって？」と問いかけることで、ニヤッとまんざらでもないような笑みを浮かべて「ああ、まぁな」と鷹揚に答える、父のいきいきとした反応を引きだすのに成功したとのことだった。

そのようなスタッフの試みを評価しながら、金子さんは、利用者とコミュニケーションをとるために、家族から話を聞くことがいかに重要かという点について次のように語っている。

――昔からの三浦先生があって、で、今、ここに来てからの三浦先生があって、そこをやっぱり、トータルしてみんなで、なんだろう、共有するっていうんじゃないですけど、それがやっぱりすごく大事なことじゃないのかなっていう気がするんです。過去のそういう話をどれだけ聞きだせるかっていうことで、私たちは逆にこうなってからの三浦先生しか知らないから、昔はどうだったのかなっていうところがあって……。だから、彼が、調子のいいときの先生に株の話をふったら、そういう反応が出てくるんですよ。普段反応しないような内容のことを、ぽーんと、自分の昔の脳のところを刺激されるから、やっぱり反応してくるんですよ、ね。それは、やっぱり、そういう話をご家族から聞いたから、そういう声掛けもできてきたということで。先生としても嬉しいと思うんですよね、俺の昔を知ってるのかっていうところ、痛いところつかれたな、みたいな（笑）……。

このような金子さんの言葉を借りれば、「看取り」というものは、〈いずれ必ずくる臨終のときのために、その人の人生をトータルに受け止めようとする想像的実践〉といってもよいのかも知れない。

そのように考えると、父が、このホームで過ごしてきた日々、そして、そのなかでスタッフ（やその家族）の方々ととり結んできた関係が、そのような想像的な実践の一コマとして見えてこないだろうか。

たとえば、先のスタッフの話にあった、子どもたちと「みうらじいじ」との触れ合いもそうだろうし、そんなときの一瞬の輝きをつかみだしたかのような、スタッフと父とのあいだで交わされた次のやりとりなども、私の大好きなエピソードの一つである。

――夜、寝られないのか、先生が、起きて部屋から出てこられたことがあったんです。「あら、先生、こんな夜中にどうされたんですか?」って尋ねたら、「**いま、わしは、幽体離脱しとるんじゃよ**」って、大まじめな顔で言われて（笑）。

5　介護と医療とのより良き連携を求めて

自然死（老衰死）とは、自然の流れに身をまかせて、みずからの死の時期を自己決定する必要のない〈死に方〉であると書いた。

しかしながら、「死の時期」を自己決定する必要はないけれど、やはり、「自然死（老衰死）という〈死に方〉」を遂げるためには、ある時期、重要な決定をしなければならない。それは、高熱が出たり、食べたり飲んだりができなくなったときに、あえて「病院へ行かない（搬送しない）」という決定である。

そして、重度の認知症の人にはそのような自己決定ができないから、今回の場合、父に代わって私たち家族がその決定をしなければならなかった。

だが、それが難しいのである。父の今の容体が、自然死（老衰死）の流れのなかにあるのか、あるいは、たんなる軽い肺炎であって、病院に行って抗生物質の点滴をすれば回復するものなのか、ある意味で看取りの素人である私たちにはその判断がなかなかつかないのである。

しかし、それは私たちだけの問題ではなかった。じつは、次に引用する医師の告白にもあるように、医療者の多くもまた、自然死（老衰死）に出会った経験がないために、それがどのような経過をたどるかについて、私たち同様に知識をもちあわせていないのだという。

多くの医師は、自然死の姿がどのようなものか知る機会がありません。こういう私自身、病院で働いていた四十年以上の間、自然死がどんなものか知らなかったのです。（特別養護老人）ホームの配置医になってはじめて知ったのです。今の医学教育では、病気だ、病態はどうだ、どう対応するか、病気を治すことばかり、頭の中がいっぱいになるほど教え込まれます。しかし、死については教わりません。死は排除されているのです。（石飛 2010: 83）

「（日常的なケア以外のことは）何もせずに看取る」ということが困難になっている背景に、このような医療制度面での事情があることを、まずは押さえておく必要がある。

そこで重要になってくるのが、ホームにおいて数々の看取りを経験してきたスタッフの方々の知見である。

何か体の不調があると、すぐに病院へいって診てもらわなければならないという考えにとりつかれている現代社会に生きる私たち。そんな私たち家族が、迷いつつも、スタッフからのアドバイスをうけながら、どのようにして終末期に「病院へ行かない（搬送しない）」という選択をおこなっていったのか。

そのような父の自然死（老衰死）にかんする臨床現場からの報告については、改めて次号で筆をとることにしたい。

そこでのキーワードは、〈終末期における「医療との距離化」〉ということになるだろう。

しかしながら、そのような事態を含みこみながら「わたしの家」において実践されている看取りの作法をよりよく理解するためのヒントは、むしろ、終末期になる前から利用者にたいして実践されてきた日常的な医療とのかかわり方にあるといえよう。

そうした「わたしの家」における「日常的な医療」の要の位置に立つ人たち。それが、訪問看護師さんであり、薬剤師さんであることは、金子さんの次の発言からも窺えるところである。

――いわゆる介護している側からの、たとえば、薬の、その人に処方される薬のことだとか、たとえば、ああこれは、ちょっと多分ほんとはこれじゃないんだろうなと思っても、そこの権限は与えられていないので、そこがちょっと、なんていうの、もどかしい部分ですよね。私たち、薬ひとつにしても、先生、この薬くださいっていうのは、まぁ、言えませんよね。むかーし、言われたことありますよ、「薬を決めるのはドクターだよ」って言われたことが。最近は、そんなことのないように、訪看（訪問看護師）さんとか、あとはあの、薬剤師さんが（「わたしの家」に定期的に）入ってくれてるので、薬剤師さんに協力してもらったり。まわりからね、ちょっと協力してもらえるようになってる感じです。介護と、医療と、そういう薬の、認知症の薬のこととかもそうだけれども、もっとこぅ、相談し合えるような関係が、きっと今後必要だと思います。

　さて、これで父の看取りにかかわる主要な配役が出そろったといってよい。

　次は、父が亡くなる五日前、すなわち父が最後の床についた十二月七日（月）の午前十時まで時計の針を巻き戻したところから話をはじめることになろう。

　その日は、偶然のことがいくつか重なった。

　当日、出張で関西から上京していた私は、父の容態が急変したことなど何も知らずに、いつものように父へ面会するために「わたしの家」を訪れたのだった。

　ただ、来訪の目的は、もう一つあった。じつは、スタッフで管理者を務める金子さんに、かねてからお願いして「わたしの家」にかんするインタビューをさせてもらうことになっていたのである。

　したがって、金子さんへのインタビューも、必然的に父のベッドサイドで、父の容態を見守りながら行うことになった。

　そこへ、知らせをうけた姉がかけつけてくる。一応、家族がそろったところで、あらためて金子さんより昨日からの父の容態の変化にかんする説明があり、これからどのような医療的措置をとるか／とらないかという、いくつかの選択肢が呈示された。

　その間の、姉、私、金子さんとのあいだでの緊迫したやり取り。

　その状況が、そのままインタビューのために置かれていたボイスレコーダーに記録されていたのである。

　そんな偶然のデータも用いながら、次回は、自然死（老衰死）をとげた父にたいする「わたしの家」での看取りのプロセスをできるだけ詳細に描き出していきたい。（次号につづく）

【注】

［1］平成十九（二〇〇七）年に定められた厚生労働省の「終末期医療の決定プロセスに関するガイドライン」（なお、平成二十七（二〇一五）年の改訂によって「終末期」という表現が、すべて「人生の最終段階」と改められたが、ガイドラインの

内容自体に変更はない）では、「終末期医療及びケアの在り方」の項目の筆頭に、「医師等の医療従事者から適切な情報の提供と説明がなされ、それに基づいて患者が医療従事者と話し合いを行い、患者本人による決定を基本としたうえで、終末期医療を進めることが最も重要な原則である」と述べられている（傍点引用者）。また、同時に発表されたガイドライン解説編では、この点について、「終末期医療においては、できる限り早期から肉体的な苦痛等を緩和するためのケアが行われることが重要です。緩和が十分に行われた上で、医療行為の開始・不開始、医療内容の変更、医療行為の中止等については、最も重要な患者の意思を確認する必要があります。確認にあたっては、十分な情報に基づく決定であること（インフォームド・コンセント）が大切です」（終末期医療の決定プロセスのあり方に関する検討会 2007）とされている（傍点引用者）。

[2] 現在、尊厳死法制化を考える議員連盟によって国会に提出されようとしている「終末期の医療における患者の意思の尊重に関する法律案（仮称）」（第二案未定稿）においては、第二章（基本理念）で「終末期の医療は、延命措置を行うか否かに関する患者の意思を十分に尊重し、医師、薬剤師、看護師その他の医療の担い手と患者及びその家族との信頼関係に基づいて行われなければならない。 2 終末期の医療に関する意思決定は、任意にされたものでなければならない。 3 終末期にある全ての患者は、基本的人権を享有する個人として、その尊厳が重んぜられなければならない。」と、患者の自由意思による決定が重要視されている。しかしその一方で、第七章（延命措置の中止等）で「医師は、患者が延命措置の中止等を希望する旨の意思を書面その他の厚生労働省令で定める方法により表示している場合（当該表示が満十五歳に達した日後にされた場合に限る。）であり、かつ、当該患者が終末期にかかわる判定を受けた場合には、厚生労働省令で定めるところにより、延命措置の中止等をすることができる。」としたうえで、さらに第九条（免責）では、「第七条の規定による延命措置の中止等については、民事上、刑事上及び行政上の責任（過料に係るものを含む。）を問われないものとする。」（傍点引用者）としているが、このことは、延命措置の中止等の自己決定（つまり、死の自己決定）を望む患者にたいして、あらかじめ医療者にたいする免責措置をとっておく責任を新たに負わせようとするものといえる。ここで見過ごしにできないことは、たとえば、病床において一定のあいだ意識を失っている患者にたいして、延命措置の中止等の意思を表示した患者の書面と終末期という判定が存在しさえすれば、その後の患者の意識の回復を待ったうえでその時点での患者の意思を新たに確認しなくとも（じつは、その時点で、意識を回復した患者が自由意思によって延命措置の存続を希望する可能性が存在しているにもかかわらず）延命措置の中止が可能になってしまう、という点である。この場合、責任を果たすための事前の書面作成という行為が、任意の時点における自発的な意思決定の可能性を奪ってしまっていることが、ここではとくに重要である。

[3]「みずからの死の時期を自己決定する」ケースとしては、余命半年と告げられ、予告した日に安楽死をとげた米国人女

性の事例が記憶に新しいだろう（「米二十九歳、予告通り死選ぶ／末期がん女性　欧米で議論／医師処方の薬、自ら飲む」『朝日新聞』二〇一四年十一月四日付）。これは、いわゆる安楽死にあたり、日本では法的に認められていない。しかしながら、「みずからの死の時期を自己決定する」という面では、安楽死も尊厳死も、自殺と共通する要素をはらんでいることは否定できない。しかも、尊厳死を実施するさいに挙げられている三つの条件、すなわち、①耐えられない肉体的苦痛、②回復の可能性がなく死期が間近、③本人の自発的意思、のうち、①は緩和医療の充実によって（一部の例外を除き）今や克服されつつあり、②については逆に、今日の医療技術の水準では正確に判定できない（つまり、例外事例が多すぎる）という事態が頻出していることによって、いずれも現在の医療制度との関連において、尊厳死を容認するうえでの一般的な条件とはなりえないことが明らかになってきている。だとすれば、私たちが今おこなうべきは、いたずらに「死の自己決定権」の法的な確立をめざすことではなく、むしろ、「みずからの死の時期を自己決定する必要のない」ような医療のあり方を模索することだといえよう。

［4］「わたしの家」は、千葉県内初のNPO法人（一九九九年～）である「流山ユー・アイネット」（一九九五年設立）が運営している。この「流山ユー・アイネット」は、地域福祉を実践してきた市民を中心に結成され、「助け合い〝ふれあい〟活動」（介護保険では対象にならない家事援助や介助・介護の支援）を中心におきながら、介護保険活動や市からの受託事業にも従事している。

［5］たとえば、臨床医師による終末期医療にかんする次のような指摘は、医学的な専門知識が今日いかに不安定なものであるかを端的に告げていよう。

「腹水、胸水は、どちらも『水』と書くが、その正体はもちろんH_2Oではない。腹水・胸水の正体は、多くの場合、おおよそ血漿成分であり、タンパク質、アルブミンが豊富に含まれている。／老衰でも、がんでも、終末期には低アルブミン血症になって、むくんで困っているものだ。病院では腹水や胸水があると条件反射のように抜いて、アルブミンを補給することを繰り返している。あるいは、腹水を抜いた後、『脱水になるから』と言っては、相当な量（一～二ℓ）の点滴をしている。しかしそもそもこれらの行為がおかしいと思わないのだろうか。／とは言え、私自身も昔は患者全員にそうしていた時期があった。当時はそれが正しいと思いこんでいた。しかし『おかしい⁉』と少し気づいたのが医師になって十一年目。それからは、もう何年も腹水、胸水は抜いていない。現在年間九十人程度を看取らせていただいている。うち、がんの患者さんは九割以上を自宅で看取っているが、腹水や胸水はこの十年間抜いていない。そう言うと、病院の先生方には『そんなこと、あるはずがない』と笑われ、なかなか信じてもらえない。／なぜ抜かないのか、なぜ抜かなくても大丈夫なのかというと、『待つ』ことを知っているからだろう。もちろん、何もせずにただ待つだけではない。経口や注射の利尿剤を使って、尿として水分を出している。尿は、水だからアルブミンは出ていかない。尿で出すことと腹水・胸水を抜くことは、意味がまったく違う。腹水を抜くと言うのは、血液を抜くにほぼ等しい。終末期こそ、アルブミンを維持しなければいけないのに、腹水・胸水を抜いたら貴重なアルブミン成分をみすみす体外に逃すことになる。／腹水・胸水を全部抜いたら、その日に死んでしまった……という話を耳にしたことがある。当たり前だ。（中略）経験の浅い医師は、患者の苦痛を緩和するために腹水や胸水は抜くことが絶対的に善だと思っている。しかし、そうではない。真に患者の苦痛を緩和するには、ただ待てばいいだけだ。／そもそも腹水や胸水が溜まるという状況には、必ず原因がある。がんや肝硬変や心不全など。どんな病態であっても、水分が溜まることで崩れかけたバランスの均衡を保ちながらなんとか生き延びようとしている姿なのだ。だから、過剰な体液貯留の水分部分を尿として利尿剤で出して、あとは待つ場合が多い。／もし腹水や胸水が苦しくて食べられないのだとしたら、人生の終末段階においてはまずは待つこと。生きているだけで一日一ℓの水分を使うのだから、待ちさえすれば一日一ℓずつ体内から確実に減っていく。待つとともに利尿剤を使えば、腹水や胸水は人工的に抜く必要はないはずだ。」（長尾 2015: 67–69）

【文献】


石飛幸三、二〇一〇、『「平穏死」のすすめ　口から食べられなくなったらどうしますか』講談社。

上野千鶴子、二〇一五、『おひとりさまの最期』朝日新聞出版。

大塚孝司・玉井真理子・堀田義太郎、二〇一五、「いのちをわけること、わけないこと、選ぶこと、選ばないこと　尊厳死法案と新型出生前診断問題を手掛かりに」『支援』Vol.5.

押川真喜子、二〇〇五＝二〇〇三、『在宅で死ぬということ』文藝春秋社。

厚生労働省、二〇〇七（二〇一五　改訂）、「終末期における医療の決定プロセスに関するガイドライン」。

近藤誠、二〇一三、『「余命三カ月」のウソ』ＫＫベストセラーズ。

終末期医療の決定プロセスのあり方に関する検討会、二〇〇七（二〇一五　改訂）、「終末期における医療の決定プロセスに関するガイドライン解説編」。

出口泰靖、二〇一一、「わたしが「あなたと〈ある〉」ために——認知症の人の『語り』」藤村正之編『いのちとライフコースの社会学』弘文堂。

長尾和宏、二〇一五、『犯人は私だった！　医療職必読「平穏死」の叶え方』日本医事新報社。

長尾和宏・丸尾多重子、二〇一四、『ばあちゃん、介護施設を間違えたらもっとボケるで！』ブックマン社。

中村仁一、二〇一二、『大往生したけりゃ医療とかかわるな——「自然死」のすすめ』幻冬舎。

日本尊厳死協会、一九九八、『自分らしい終末「尊厳死」』法研。

野村進、二〇一五、『解放老人——認知症の豊かな体験世界』講談社。

六車由美、二〇一五、『介護民俗学へようこそ！——「すまいるほーむ」の物語』新潮社。

特集 〈いのち〉の社会学

〈生〉と〈身〉をゆだね、あずけること

――「認知症」とされる人と私の〈かわし合い〉のフィールドワークから

出口泰靖（千葉大学）

1 はじめに

「認知症になり介護される人たちは、死をうけいれるべき。介護する家族のためにも。それが本人のためにもなる。もし自分が認知症になり介護される状態になったら、早々に死を望む」。

このように語る介護体験者の人たち。自らの今までの介護体験から「かれらは生きていても意味があるのか」「そこまでして生かすべきなのか」と煩悶する人たちがなかにはいる。その体験によって、認知症になり介護をうける人たちに対して早々に死を与えた方が、本人にとっても家族にとっても望ましい、という考えに至ったのだろう。そのような人たちに私は何度となく出会った。そのように語る人たちに対して、何も言い返せない自分がいた。介護をする（してきた）かれらの苦悩は、私がおしはかる以上のものがあると思ったからだ。

しかし、その発言をそのまま受け容れることは私にはできない。かれらの言葉を全面的に認めるのならば、ある意味で「認知症」とされる人たちの〈生――暮らしと人生、生命、生の存在――〉を否定してしまいかねない危険性がある。「認知症」とされたら要らない〈生〉であるという考え方におちいってしまう怖れがある。

そして、介護される状態の人に死を与えるべきという捉え方は、「介護されること」が消極的にしか捉えられなくなってしまう怖れもある。これは、介護する側もされる側も、人の手をかり介護をうけること自体を消極的にとらえすぎる考え方が根強いことでもある。

だが一方で、かれらの言葉には、「認知症」とされ介護さ

れる今現在における暮らしのありようが、おおらかで豊かなものとみなされていないことでもあるといえなくもない。「認知症」とされ、介護されながら暮らして生きてゆく人たちの〈生──暮らしと人生、生命、生の存在──〉が、おおらかで豊かなものとしてとらえられるようになるためにはどうすればいいのだろうか。

今まで私は、主に「認知症」とされる人たちと[1]〈かわし合う〉[2]なかからフィールドワークしてきた。かれらがどういう〈体験〉をしているのか、かれらのとりまく世界はどういうものなのか、という側面にこだわって考えてきた。ここでは、「認知症」とされる人たちと私〈との体験〉[3]をふり返りながら、フィールドで〈かわし合い〉をしてきた人たちの〈生〉に自らどう向き合い、考えてきたのか、その一端を描いてみたい。

2 さまよう〈生〉

「認知症」とされる人たちは、「家族や周囲に迷惑をかける存在でしかない」と思い込まれている。だが、それだけの存在でしかないのだろうか。「周囲に迷惑」とみなされていることの一つに「徘徊」と私たちが呼んでいるものがある。そのことに対して、本人はどのように思い、感じているのだろうか。

「タツ子さん、そっちにいる?」

それは、ある蒸し暑い夏の日の、昼食後のことだった。その時私は「認知症」とされる人たちが共に暮らす「Tの家」でフィールドワークしていた。Tの家は開設当時、畑のある古い農家をそのまま利用し、野菜づくりなどを日常のいとなみとしていた。

その家に、タツ子さん(仮名)という方がいた。その日の午後は、入居者の人たち、スタッフやボランティアで野菜の苗植えをやっていた。タツ子さんは、水道からバケツで水をくんできては、畑に水をまいていた。

ところが、タツ子さんがいなくなってしまった。冒頭の問いかけは、ボランティアの人が、スタッフや私に投げかけた言葉だった。どうやら、タツ子さんは、水をくみに行ったまま、畑に戻ろうとして違う道を歩いていったらしい。Tの家に帰ってもいなかった。スタッフの一人が、車を出してあたりを探しに出る。私は、タツ子さんの身に何かあったら、と思うと気が気ではない。

「前にも一回あったのよ。その時は、最終的には警察に、とまで思ったけど、スタッフが車で探し出してくれて」とスタッフの人が語ってくれた。その声は冷静で落ち着いた感じだった。だがその顔は、心配の色が隠せずこわばっているようにも見えた。

車で探しに行ったスタッフたちが戻ってきた。あたりにはいなかったという。「もう一回行ってきましょう」とスタッフが言ったその時だった。向うからバケツを抱え、心もちフラフラしながら歩いてくるタツ子さんの姿が見えた。彼女がこちらまで歩いて来るのを待っていられず、そばまで駆け寄った。見ると彼女の顔はぐっしょりと濡れていた。汗なのか、涙なのか、はたまたバケツの水がかかったのか。

タツ子さんはTの家に戻った後も、まだ興奮さめやらずといった面持ちで「ここにいる人が気を使ってくれているからホント助かる」と他の入居者にしゃべりたてている。「あなた、身体が帰ってきてもまだ心が帰ってきてないわよ」と他の入居者に評されていた[4]。

「認知症」とされる人たちのなかには、「ひとり出歩き」をしたまま、なじみある人たちからはぐれ、自分の居場所に戻れずさまよってしまう。かれらの行動は私たちによって「徘徊」と呼ばれてしまう。かれらのなかには、行方がわからなくなり、列車や乗用車にひかれて事故にあい、果ては命を落としてしまう人が後をたたない。あってはならないことではある。ただ、傍にいる私たちは、かれらの姿を見失わないように気を配りながらも、ふとしたことでかれらの姿を見失ってしまうことも少なからずある。

しかしながら、「認知症」とされる本人自身はどうだろうか。外に出てまわりになじみのある人の姿が見えなくなり、不安や焦りを感じ、混乱し、パニックにおちいっているのではないだろうか（出口 2015a; 2016）。はたして、私たちはかれらがそのような情感を抱いていることを受けとめてきただろうか。タツ子さんの安心した顔を見つめながら思った。

私たちは、すでに別な意味でかれらの姿を見失っている（きた）のではないのだろうか。「徘徊」とみなされる人の事故死をめぐって、本人自身の不安や焦燥感にかられた姿や「声なき声」は、周囲の「何をするか危ない」という声にかき消されているのではないだろうか。

一方、かれらの〝大切な命〟を守らねば、と「徘徊」やそれによる死を未然に防ぐために、地域や周囲の「見守り」の必要性が叫ばれる。だがそれもまた、〈周囲の側〉の視点であり、「どうしたら」防げるかという議論ばかりが声高に飛び交う。そのなかで〈本人の側〉がひとり歩きに出たまま戻るに戻れない状態のなか、「どのような」〈体験〉をしているのかという問いはとりこぼされてゆく（出口 2015a; 2016）。

さまよい、見失われて命を落としかねない「認知症」とされる人たち。だが当事者本人たち自身の〈体験〉もまた、とりこぼされ、見失われる。そんなかれら〈との体験〉に私はどれだけ迫れているというのだろうか。

3 もぎとられる〈生〉

「認知症」とされる人たちは「認知症」であることの自覚も認識もない、はては自分が自分でなくなる、と私たちは思い込んできた。そのため、「自分が自分でなくなってしまう前に死を望む」というような考えが出てくるのだろう。しかし、自分が「認知症」とされている自覚も認識もないのだろうか。本当に自分が自分でなくなるのだろうか。

私が「認知症」とされる人たち〈との体験〉に誘《いざな》われるようになったきっかけの一つにアサ子さん（仮名）との〈かわし合い〉がある[5]。

彼女は、以前フィールドワークしていた介護施設の入居者だった。アサ子さんは息子さんの話を私によくしてくれた。

ある日、アサ子さんに声をかけてみると、この時のアサ子さんはどうやら、この場が以前勤めていた病院だと思っているらしく、「もうこの病院では働けないよ」と言い出してきた。その理由を問いたずねてみた。すると、これも言葉にならないほど衝撃的なものだった。というのも、「息子の自殺」をきっかけに、配膳し忘れるなど自分が呆けはじめたからと言うではないか。

私を病院の職員の一人と思ってか、「もう（病院での仕事を）続けられません」と私に嘆きかけてきた。対する私はというと、ただただ、アサ子さんの思わぬ言葉にうろたえるばかりだった。それでも何か言葉をかけないと、と焦りながら「大丈夫ですよ」と受け応えることしかできなかった。

「配偶者や近親者の死」をきっかけに「認知症」になる場合があると、「認知症の〝遠因〟」としてよく語られる。アサ子さんの場合もそうといえるのだろうか。だが、「認知症」とされようがされまいが、親密な人との別れは、わが身をもぎとられるほどの苦悩をもたらす。はたして、「認知症の〝遠因〟」としてだけで片づけて終われる話なのだろうか。

「息子が自殺した」という言葉に私は衝撃を受けた。だがそれと同時に、アサ子さんの「呆けた」という打ち明けに対しても、衝撃を受けた。なぜなら、この時の私は、自らの「呆けゆく」事態を本人は自覚、認識していないと思い込んでいたからだ。そして「呆けた」という彼女の嘆きに対し、どういう〈かわし合い〉をしてよいものか、うろたえるだけしかない情けない自分もいた（出口 2016）。

アサ子さん〈との体験〉から、「認知症」とされる人たち自身は「呆けゆく」事態をめぐってどのような〈体験〉を私にみせるのか、私なりに見据えてゆきたいと思いはじめていた。

その後、私は「認知症」とされる本人が「もの忘れ」について の気持ち、思いについて手記を書いてもらう取り組みをしているケアの場にフィールドワークした。以下の文章は、そのフィールド先からいただいた手記の一つである。

最近物忘れをするように成った。物忘れは悪い事です。なさけない事です。物忘は人にめいはくかける事はない。だけどいやです。思ふように言われないから。思う事が言われぬのが悪い事です。早く死にたいです。それほど物忘れはつらいです。物忘れするのはもうどうしようもないがどうする事も出来ない。どうする事も出来ない自分は早く死にたいと思います。思う事が出来ないから。物忘れする以前は思う事が出来た。畑仕事その他なんでも出来た。(中略)何かしたくてもやる気があっても何をして良いかわからない。する事を言ってもらえたらまだやれる。何もする事がないから死んでも良いと思ふ。する事が有ればまだまだ長いきしても良い。

この手記を書いた人は、現在住んでいる自分の家があるにもかかわらず、家を求めて「ひとり出歩き」(世間では「徘徊」と呼ばれてしまうようなこと)をすることが何回もみられたという。そんな「自分や周囲の状況などわからない、ましてやそれを語ることなど無理だ」と周囲にみなされてきた本人自らが、自ら筆をとって自分の気持ちを述べている。この手記から察するに、「もの忘れ」「呆けゆくこと」は、本人にとっても非常につらいことなのだろう。

また、この人は手記のなかで、「死にたい」と何回も書いている。しかし、「認知症になったら死を望む」という人の考えとは異なる。手記を書いた人は「死にたい」のではなく、「生きたい」のだ。「生きてゆきたい、何かしたい、やりたい」と思うのだが、「何をしてよいかわからない」のだ。「することを言って」くれればまだやれる。「すること」があれば、「まだまだ長いきしても良い」と語り、生きてゆきたいと望んでいる。

「死にたい」と思わせてしまうのは、かれらの「したいこと」「やりたいこと」、かれらの望みを〈かわし合う〉術をもとうとしてこなかった私たちにあるのではないだろうか。

4 〈いま、ここ〉を生きる

「認知症」とされる人たちは、四六時中、過去の自分に回帰していて、〈いま、ここ〉を生きてはいない、とみなされがちになる。それゆえに「『認知症』とされた場合には死を望む」という考えも出てくるのだろう。しかしながら、はたして、〈いま、ここ〉を生きていないと決めつけてしまっていいのだろうか。「認知症」とされる人たち〈との体験〉のなか、かれらの〈いま、ここ〉での〈体験〉を見据えてゆく必要を思い知らされたことがあった。

民家を使ったケアの場にフィールドワークしていた頃のことである。その場にヨシエさん（仮名）という女性がいた。彼女は、今が朝か夕方か、何時なのか、季節がいつなのかもわからなくなっているようにみえた。ある日の夕暮れ、私は彼女と周囲を散歩していた。すると、学校帰りの家路を急ぐ子どもたちに出会った。その光景を眺めながら、彼女はふとこんな言葉をつぶやいた。「あら、もうこんな時間なのね」。

「介護の場のなか」では、ヨシエさんは時間が分からないとみなされていた。だが、散歩の場で出会った子どもたち、家路へと急ぐ子どもたちの〈いま、ここ〉の光景が、今は子どもが下校する夕刻だという「とき」を彼女に感じ取らせたようだった。彼女は若かりし日の頃、学校から帰ってきた子どものために夕げの支度をしたのだろうか。私は彼女を「今がいつかわからない」と決めつけていた。「介護の場のなか」にいただけなら、私はいつまでもヨシエさんを「時がまったくわからない人」とみなし続けていたろう（出口 2016）。

その場にサトウさん（仮名）という男性の方がいた。かれは昼下がりになると、決まってひとりで出て行ってしまう。それを周囲は「徘徊」とみなしていた。私は、かれが以前建築の仕事をしていたことを聞いていた。それゆえに「現場をみてくる」と言って外に出るのだと、その人の〈過去〉（＝「認知症」とされる以前の体験）から解釈していた。

しかし、私がサトウさんの「ひとり出歩き」につきそっていた何回めかに、ふとかれが「あそこ（ケアの場）に行くと、（女性スタッフや女性の利用者が）あれ食え、これ食えって話しかけてくる。あそこは女性ばかりで困るよ」ともらした。佐藤さんの「ひとり出歩き」には、かれの〈過去〉から生じてくるものだと思い込んでいた私はかれの思いもよらない言葉に驚いた。つい私も「女性ばかりだと気恥ずかしくなりますよね」と応えた。

ひょっとするとサトウさんの「ひとり出歩き」は、「あれこれ食べろと話してくる」「中は女性ばかりで落ち着かない」という〈いま、ここ〉（＝「認知症」とされてからの体験）から生じているものでもあるかもしれない。もちろん、当時はまだ女性が少ない建築の職場で働いてきたという過去の習い性から、日中ずっと女性に囲まれて過ごすのは照れくさい、落ち着かない、ということもあるのだろう。

これまで私は、サトウさんの言動をかれの〈過去〉だけから探ろうとばかりしていた。それに拘泥するあまり、〈いま、ここ〉を生きるかれの姿に目を向けることができないでいた。当たり前のことなのだが、サトウさんは〈過去〉にのみとどまって生きる人なのではない。〈いま、ここ〉での暮らしを生きている人であるのだ。そのことが私の中ですっかり抜け落ちていたことを思い知らされた（出口 2016）。

その時まで私は、「認知症」とされる人たち自身に「日々の暮らしのなかで、今どのようなことがしたいのか、これからどのように生きたいのか」といったことを聞こうともしてこなかった。なぜなら、「本人は〈いま、ここ〉がわからない、すぐ忘れてしまう」と思い込んでいたからに他ならない。だが、私自身のなかにあったその思い込みこそが、ヨシエさんとサトウさんたちと私との〈かわし合い〉における壁以外のなにものでもなかった[6]（出口 2016）。

5 「つき合い」のなかから〈生〉にふれる

その後私は、「介護の場のなか」に入ることだけではなく、〈過去〉にのみとどまるような〈かわし合い〉でもなく、「認知症」とされる人たちとの〈いま、ここ〉での「人と人とのつき合いのなか」でその人の〈生〉にふれたいと思った。

ひとりで家を出て外に出歩く人が、認知症があるからといって、その人をすぐ「徘徊する人」とみなしがちになってしまう。そして「徘徊」をなくすにはどうすればいいか、「対処法」のみを考えがちになる。「過去回帰」の言動をよくするからといって、その人のすべての言動を〈過去〉だけから類推しようとしがちになってしまう。

いつの間にか私は、かれらをケアされる「対象」としての〈生〉としてしかみなくなっていたのではないか。そんなことを私は思い知らされた。そこから、はじめに「ケア対象者」と一括りにするのではなく、まずは日々を暮らす〈その人〉として、この〈生〉にふれることができないものか、と思いあぐねるようになっていった。

そんな時に出会ったのが、越智俊二さんだった。かれは当時、実名で自分が「認知症」であることを公表し、自らの「認知症の体験」について語っていた。私は俊二さんと「介護の場のなか」以外で、日常を生きている「ひとりの人」として出会い、つきあっていけないものかと思った[7]。

その俊二さんとは、つき合い当初早々から東京観光に付き添うこともできた。その道中、突然ゲリラ豪雨に見舞われ、雨宿りをするために駆け込んだトイレで幸いにも俊二さんと立ち話ながらもゆっくり語り合うことができた。

そこではかれが仕事をしていた頃の話を聞くことができた。その頃のことを俊二さんは「接待、接待で」と話してくれた。午前様が日々続くような忙しさであり、当初はその疲れからひんぱんにもの忘れをするようになったのだと思っていたという。しかし、もの忘れによって仕事に支障が起きてしまうことが続き、仕事仲間となぐりあいのケンカになるようなこともあった。とてもつらく悔しい思い出となっているのか、私にもそのつらさ、悔しさを「そんなことなど忘れたいのに（忘れられない）」と俊二さんは語ってくれた。

そんなつらさを抱えていた俊二さんにとって光明の一つとなったのは、あるデイサービスに通いはじめてからの体験だった。「認知症」とされる人たちは「いまがいつで、ここがどこで、まわりにいる人たちが誰か」おぼろげになっていくような心身の状態の変化のなかにいるといえるだろう。そのなかで心の底から笑うことはできにくくなってしまう。だが、俊二さんはそのデイサービスに通うようになってから、自分がよく笑うようになったことに自分でも正直驚いたと語ってくれた。俊二さんは、「認知症」とされる人が「心の底から笑えること」がどれほど大変で大切なことなのか、痛切に感じていた。

ちょうど折しもこの頃、俊二さんだけではなく、「認知症」とされる人たちが「認知症当事者」として自らの体験をさまざまな場で語りはじめていた。そこで私はケアの場に参与観察するだけではなく、当事者から聞き取り調査を行うようにもなっていた。かれらがどのような体験を語るのか、どのようにして語ることができるのか、それらの「語り」のありようを描くようになっていった。

私はこの時期、ケアの場の外で当事者本人とつき合い、かれらから「認知症とされる体験」を聞き取ることができることにすっかり浮かれていた。だが、「認知症当事者」として語る俊二さんたちとつき合っていくことが、私にとってどういう意味をもつことなのか、その時の私は深く考えていなかった。

6 〈ふかまりゆく〉ことをめぐって

六十二歳のとき、俊二さんはこの世を去った。私がかれとつき合いはじめてから、まだ四年しかたっていなかった。私にとってあまりの突然のことで、その事実に愕然としてしまい、しばらく何も手をつけられなかった。

後日、妻の須美子さんが私に語ってくれたところによると、俊二さんが亡くなった後の夜、病院から家に連れて帰ることができたという。かれの側で須美子さんやその娘さんたちで、思い出話をしながら一夜を過ごし、笑いが絶えなかったようである。須美子さんは「きっと俊二さんも自分が亡くなっているというのに笑っているなんて、とあきれていたかもしれないけど、家族と一緒に笑っていたかも分かりません」と私に語ってくれた。

俊二さんの死は私にとって、脳天を撃ち抜かれたような出来事であった。俊二さんとつきあい始めてから、「認知症の症状が進行する」と呼ばれる〈ふかまりゆく〉時までのことを念頭におきながらつき合おうと私はしていただろうか。「認知症」とされる人たちについて私が考えをめぐらせていく、その間もかれらは〈ふかまりゆく〉。そして、かれらにもいずれ命の灯が消える日が来る。その自覚と覚悟が私にあっただろうか。「つき合いのなかからその人の〈生〉にふれるフィールドワーク」と銘打ってはいたが、はたしてそれらを重々認識したうえでのものだっただろうか。

俊二さんと私とのつき合いの中で、かれはおだやかで「認知症の進行」らしきものはみられないように見えた。だが、それはあくまでも私から見た印象にすぎなかった。私の見知らぬところでは、日々の暮らしのなかで生じる支障は少しずつ増えていた。

須美子さんの話によれば、俊二さんは夜中に何回かトイレに行く。だが、トイレにたつときに場所がわからなくなり、家のあらぬ場所で用を足してしまうことが出てきた。そのため、須美子さんは自分とかれの手を一緒にヒモで結んで寝ていた。そうすることで、夜中にトイレにいくとき彼女も起きて付き添いができるようにした。だがそれが毎日続いたため、須美子さんは睡眠不足に悩まされるようになっていた（出口 2016）。

「認知症」とされる人たちのなかには、状態は個人差こそあれ徐々にすすみゆき、〈ふかまりゆく〉場合がある。たとえ当事者本人や周囲が認知症のある状態を受け容れたとしても、日々時が過ぎゆくなかで心身の状態はまた変わりゆく。変わりゆく状態に合わせてその都度、受け容れゆくありようも変えてゆかねばならない。それらは本人にとって、そしてその家族や支援者にとって、かなりの苦悩や葛藤をもたらすことだろう（出口 2016）。

さらに、かれらにもいずれ「看取り期」や「最期」を迎える時がやってくる。「ことば」を交わし合いにくくなる時がやってくる。当事者本人から語りを聞きとることが難しくなる時がやってくる。命の灯が揺らぎゆく時もくるだろう。その時、どうフィールドワークできるのか私は考えていただろうか。当然、「言語」に頼り切るような聞きとり調査をおこなうわけにはいかないだろう。はたして、かれらの〈ふかまりゆく〉時のことをいったいどう捉えていけばいいか、深く考えてきただろうか。

7 〈生〉と〈身〉をゆだね、あずけること

もし私が、「認知症」とされ〈ふかまりゆく〉日々と暮らすことになるとするならば、どのようなことがまちうけているのだろうか。

当然、自分の暮らしと生命を他者に「支えられる」「介護される」ことが必要となってくる。それでは、他者に「支えられる」「介護される」とはどのように、考えたらよいのだろうか。

それは、自分の〈生（暮らし、人生、生命）〉と〈身（身体）〉をさまざまな他者たちにゆだね、あずけるということが一つあるだろう。そして、「ことば」を交わし合うことが難しくなり、〈ふかまりゆく〉時、さらにどのように〈生〉と〈身〉を他者たちにゆだね、あずけて生きていくのかが切実な問題となるだろう（出口 2016）。

そのためにも、〈生〉と〈身〉を他者たちにゆだね、あずけることとはどういうことなのか、〈ある〉という〈存在そのもの〉としての人間の事態から問い直してゆきたい。この〈ある〉という視点は、芹沢俊介（2003）によるものである[8]。かれによれば、私たちは自分の生をつねに「できること」「しうること」、すなわち〈する〉を基準にしてみるという（芹沢 2003）。そして、私たちが住まう社会もまた〈する〉を基盤に秩序づけられる。

しかし、私たちは皆誰もが歳を重ね、身体のさまざまに障害が生じてゆく。立つ、座る、食べる、歩く、寝る、用を足す、お風呂に入れることなど、暮らしのさまざまな場面で支えが必要となる。芹沢によれば、ここでそれらを〈する〉という眼差しからみてしまうと、「老い」「病い」「障がい」はひたすら「できなくなる」（＝〈する〉の不能化）としてだけ捉えてしまう。〈する〉の世界が後退・縮小していくという認識から離れられなくなってしまう（芹沢 2003）。介護や見守りや気遣いなどもまた、〈する〉ということに意図せずして縛られてしまうと、その人のために〈する〉を強いられるものとしてだけ捉えてしまう。

そこで芹沢は、〈する〉という基準を相対化する言葉として〈ある〉をあげる。〈ある〉の例の一つとして、胎児や生まれて間もない新生児をあげ、それが人間の出発点であるという（芹沢 2003）。彼は、人間というのは、〈ある〉に原形があって〈する〉というところに原形はない、というのである。人間のあり方というのは、この世に生まれ出てから、〈ある〉から〈する〉の段階を経て、歳を重ね最期を迎えるにあたってもう一度〈ある〉へ着地・回帰していく。こういう〈ある〉という視点からの認識をもてるかどうかで、介護

のありようはずいぶんと違ってくるのではないか、と芹沢は述べる（芹沢 2003）。

ここでさらに私なりに「〈する〉〈ある〉」から〈生〉と〈身〉をゆだね、あずけることについて考えてみたい。〈する〉という価値にとらわれると、〈いのち〉は個人が「所有するもの」としてみなされがちになる。〈いのち〉を自分の〝もの〟として手にしていると思い込みがちになる。そして、介助や介護が必要になるなど自らの〈生〉と〈身〉を他者にゆだね、あずけることは消極的にのみ捉えられてしまう。

しかし、人はみな、この世に生をうけてから死にゆくまで、歳を重ね、身体のさまざまに病いや障がいを生じゆく存在である。生であれ、死であれ、自分で選べるものでもない。そして、生まれ出ずる子をはじめ、人の〈いのち〉は誰しも単独では成り立ちえない。〈いのち〉という「生の存在」は、けっして自分だけのものではない。自らの〈いのち〉は、生きて暮らしていく以上、さまざまな他者（の支え）とともにあり、他者（の支え）なしにはありえない。自らの〈いのち〉はさまざまな他者のつながりや〈かわし合い〉のなかに存在している。〈ある〉という最深部から見上げれば、そういった思いにも至ることができるだろう。

8 〈暮らし〉の〈ある〉生

前に述べたタツ子さんが入居していたTの家には、クサカさん（仮名）という方もいた。[9]

ある時期から、孤立からくる不安によるものかどうかわからないが、「お金を盗られたという妄想」で警察沙汰になった。家族にも不可解な行動をするようになり、受け皿がなかったこともあってか「精神病院」に入り、いわゆる「薬づけ」と呼ばれるような状態にさせられてしまい、「寝たきり」になった。その時の褥瘡（床ずれ）の跡もあるらしい。

クサカさんは病院にいたとき、攻撃性、被害妄想を抑えるための薬を飲まされていたという。Tの家に入ってからは、医者と相談しながら薬をやめていき、寝たきりの状態から散歩ができるまでの日々をすごせるようになった。

クサカさんは毎朝のように、「自分で自分がなんなんだか、わかんなくなってくるよ。いつからわたし、ここにいるの？どうやってここに来たんだか。わたし、社会に出て働かなくちゃ。どうして食べてんだか？　お腹すいてないの。なんか食べてんだろうね。わたし、ここでなにかやってるのかしら。生きてるだけ」とつぶやき続けていた。

クサカさんは「自分で自分がなんなんだか、わかんなくなってくるよ」などと身心の状態変化に〈不確かさ〉を感じていた。しかし彼女が感じている〈不確かさ〉はそれだけではないだろう。

クサカさんはTの家に来るまで、生まれ育った下町で生活をしていた。「自動車の修理屋」に嫁ぎ、四〇代で夫を亡くしてからも「おかみさん」として店を切り盛りしていた。子どもが皆、独立してからは、一人暮らしをしていた。

「どこかおかしい」とみられるようになったのは、こうした時期だった。クサカさんは入院をしてから家を息子に任せてしまうと、「おかみさん」という日々の暮らしにおける役割を喪失してしまい、彼女の〈暮らし〉と〈人生〉は大きく変わってしまった。

彼女は「ここでなにかやってるのかしら。生きてるだけ」と語っていた。それは、「生きているだけで、そこに自分の〈暮らし〉はあるのか」という、日常を生き、日々を暮らしていくなかでの自分のいる居場所の〈不確かさ〉を感じ込んでいたのかもしれない。

はたして、「認知症」になったとされたとしても、「生きているだけで〈暮らし〉がない」と言わしめることのないような〈暮らし〉はつくれるのだろうか。さまざまな他者たちに〈生〉と〈身〉をゆだね、あずけゆく「認知症」とされる人たち。そんなかれらに対し、〈ふかまりゆく〉最期まで〈いのち〉が息づく暮らしの〈ある〉生き方のありようをどのようにさぐり出していけばいいのだろうか。

正直なところ私は、いまだ他者に〈生〉と〈身〉をゆだね、あずけゆくことがどういうものかまだまだ実感できずにいる。まだ、わが〈いのち〉を手の内におさめたい望みからはなれられずにいる。だが、その〈いのち〉も自らの思い通りにはならず、どうしようもなく手に余るものでもあることも諦念しつつある。まだ私はさぐりあぐねている。

むすびにかえて

「認知症」とされる人たちと私〈との体験〉について考える時、「……年よりをね、ばかにする人だけが、年よりをどうしろこうしろと、わかったようなことをいうのですよ」という言葉がいつも胸に去来する。

このセリフは、『さらば、おやじどの』(上野 2010)という時代小説の中にある一節だ。この物語の中に、城下町のはずれにある「施薬院」という施設が出てくる。そこは高い塀に囲まれ、中の様子はうかがい知れない。人びとが知っていることは、三度の食事を与えられたのに「与えられない」と触れ回り、他人の家にあがりこんで人の食事を無断で口にするような老親の世話に困り果てた子ども夫婦が、奉行所に頼みこんで老親の「施薬院送り」を希望できるところということだけだ。

施薬院は老親たちにとって快適な療養所であると支配者の城代は言う。そこでは、わずかの使用でこの世の苦楽を忘れさせる「罌粟《けし》の薬液」が使われており、体の調子が悪い人も、年をとって淋しい気持ちでいるお年寄りも、その薬でそれを取り除けるという。

要するに「施薬院」とは、「罌粟の薬液＝阿片」を用いて、呆けたり、身体が弱くなったりした人に「苦しまずに安らかに」最期を迎えてもらう施設なのだ。城代は、年をとった人は施薬院に入れて薬を与え安楽死させればいい、それが最善の策だと真剣に考えていた。その城代に対し、その奥方が呟いた言葉が先の「セリフ」である。

先のセリフの後で、奥方はまたこう呟く。

> どうして殿方は、大きいことばかりならべ立てるのでしょうね。口を開くと、政治（まつりごと）だの正義だの、御法だの何だのと、まあまあ夢のようなお話ばっかり。（中略）頭でっかちになった殿御には、お料理のことも、お米のとぎ方も、お掃除やお洗濯のことも、小さく小さく見えるのかもしれませんね。（中略）政治や御法もたいせつでしょうが、それ以上にそうしたこまごましたことがたいせつだということを、みんな忘れてしまうのですわ。じぶんが、母親のおなかから生まれ、まぎれもなく子どもだったということを、どこに置き忘れてきたのかしら。（上野 2010）

「認知症とされ介護されるのなら死を望む」という声が消えないのはなぜなのだろうか。「認知症」とされたとしても、おおらかで豊かな暮らしがなされ得ることが確かなものになっていないことにつきるのだろう。前述したヨシエさんは、今の時刻すらわかっていないようにみえていた。だが、下校する子どもたちを見て今が夕刻である「とき」を感じ取っていた。この出来事のように、普段の何気ない、つましい暮らしの根っこにある「小さく小さく見える」、「こまごまとした」些細なことがら。そのなかに、「認知症」とされる人たちがさまざまな他者たちに〈生〉と〈身〉をゆだね、あずけゆくなか、最期まで〈いのち〉の息づく暮らしの〈ある〉生き方のありようをさぐり出す鍵が隠されているのかもしれない。

それは、かれらと〈かわし合う〉私もまた、自分自身のおかれた〈暮らし〉のはしばしにあることがらを見つめつくすことでもある。調査研究で関わる人たちの〈暮らし〉だけ研究の俎上にあげ、自分のことだけを棚上げにするわけにはいかない。かれらの〈暮らし〉と私自身の〈暮らし〉とを切り離して「頭でっかち」に考えるわけにはいかない。

私自身の日々何気なくながれてゆく日常のなかに目を凝らしてみる。そのことから、さまざまな他者たちに〈生〉と〈身〉をゆだね、あずけて生き暮らしてゆく〈いのち〉のありようとはどのようなものなのか、〈いのち〉が息づく暮らしの〈ある〉生き方のありようとはどういうことをいうのか、それらの問いをさぐり出す糸口が見つけられないだろうか。

[注]

[1] ここで私は〝「認知症」とされる人〟という、まわりくどい言い方をしている。この言い方には二つの意味を込めている。一つは、「認知症」と〝診断される〟人という意味である。もう一つは、「認知症」と〝みなされる〟人という意味である。これらの意味を込めた理由として、まず、「認知症」という診断を受ける以前から、本人が「なにかおかしい」と感じる時期がしばらくあることがあげられる。また、診断される前から家族などの周囲によって「ひょっとして呆けたかも?」とみなされてしまうことがある。そして、本人や家族が「どこかへんだ」と思いはじめてから、診断されるまで数年かかるなど時間がかかることや、「うつ病」といった違う診断を受けたりする場合もあることがあげられる。さらに、本人自らは認知症の認識がないように見受けられたりすることや、自らが認知症であることを否認する場合があるからでもある。

[2] ここで私は「かれらと私とのふるまい合い」を「〈かわし合う〉」という言葉を用いている。フィールドワークをはじめた頃、私はかれらに一方的に〝関わろう〟とし、〝働きかけよう〟としてきた。しかし、実際にフィールドに入ってみると、かれらの方から私と〈かわし合おう〉としてくれた。かれらは言葉や声をかわし、笑みと眼差しなど、さまざまに私とかわしてくれた。かれらと〈かわし合う〉なか、しだいに、かれらが私にみせてくれているものに対し私自身はどう感じ応じようとしているのか、考えをめぐらすようになっていった。〈かわし合い〉という言葉には、「介護やケア」とも異なる、また「関わり」や「働きかけ」「声かけ」といったものとも異なる「認知症」とされる人たちの方から私への行為やふるまいもおおいに含み込んだ意味合いを込めている(出口 2016)。本稿では、「〈交わし合い〉」としての意味合いをもつ〈かわし合い〉の一端を描いた。フィールドワークでは、その他さまざまな〈かわし合い〉を〈体験〉した。それらの〈かわし合い〉のありようについて詳しくは出口(2016)で描いている。

[3] 「〈との体験〉」と表記したのは、「認知症」とされる人たちの〈体験〉、そしてそれを受けての私の〈体験〉、それらはどちらも、かれらと私との〈かわし合い〉なくしてはあり得ない〈体験〉だからである(出口 2016)。

[4] タツ子さんとの出来事は、出口(2015a; 2016)で取り上げたことがある。

[5] アサ子さんと私のやりとりは、出口（2001; 2015b; 2016）で取り上げたことがある。

[6] ヨシエさんやサトウさんとの出来事は、出口（2013; 2015a; 2016）でも取り上げた。

[7] 俊二さんとのつき合いについては、出口（2012b; 2016）のなかでも取り上げた。

[8] 芹沢の〈ある〉という考え方は、出口（2011）でも別な点で取り上げて考察した。

[9] クサカさんについては、出口（2016）でも取り上げている。

【文献】

出口泰靖、二〇〇一、「『呆けゆく』体験の臨床社会学」野口裕二・大村英昭編『臨床社会学の実践』有斐閣、一四一―一七〇。

出口泰靖、二〇一一、「わたしが『あなたと〈ある〉』ために――認知症の人の『語り』」藤村正之編『いのちとライフコースの社会学』弘文堂、二二六―二四二。

出口泰靖、二〇一二a、「テーマ別研究動向（ケアと支援）――『ケア』や『支援』について〈身をもって〉考える研究動向」『社会学評論』六三（三）：四五一―四六四。

出口泰靖、二〇一二b、「〝めざす〟当事者と、〝すごす〟〈その人〉と」『支援　特集：『当事者』はどこにいる？』生活書院、二：七二―八五。

出口泰靖、二〇一三、「きれいに割り切れず、片付けられないこと、それを切り捨てないまなざし。」『支援　特集：逃れがたきもの、『家族』』生活書院、三：三一九―三二〇。

出口泰靖、二〇一五a、「認知症当事者抜きにことを始めるなかれ――愛知鉄道事故とその判決で語られたことに対する疑問」『こころの科学』日本評論社、一七九：二―七。

出口泰靖、二〇一五b、「わたしは『語り』に出合えているか――本人による『認知症体験の語り』のゆくえ」『N：ナラティヴとケア第6号　ナラティヴの臨床社会学』遠見書房、四七―五三。

出口泰靖、二〇一六、『あなたを「認知症」と呼ぶ前に――〈かわし合う〉私とあなたのフィールドワーク』生活書院。

芹沢俊介、二〇〇三、「実感的〈向老期〉論」三好春樹・芹沢俊介『老人介護とエロス――子育てとケアを通底するもの』雲母書房。

上野瞭、二〇一〇、『さらば、おやじどの』理論社。

特集〈いのち〉の社会学

いのちとおうち

——野宿者支援・運動の現場への手紙

山北輝裕（日本大学）

1　お元気ですか

お久しぶりです。どないでっか。[1] なんで関西弁なん？　今日は手紙を出してみたいんよ。[2]

誰に？　そうやね、これまで自分が野宿者支援・運動の現場で出会って、お世話になってきたあなたによ。ついでに、この界隈のこと知らん人やろか。

宛先もようわからん公開の手紙ってありえへんけど、なんしか誰かに届けばええなぁ思て書くわ。実際、今あなたがどこにいるんか知らんし。

なんで書くんてか？　こないだ久しぶりに名古屋の越冬[3]に行ったんよ。もうそれこそ名古屋の現場の人と会うのは七年ぶりぐらいやわ。二〇〇〇年、大学生の頃にこの世界に飛び込んだものの、二〇〇七年ぐらいから一回遠ざかってるってのもあるし、ちょっと緊張したで。もうさすがに俺のことなんて忘れてるやろ思ってな。

そやけど公園についたらな、昔に野宿やって、生活保護[4]とった女性の仲間が気付いてくれて、「あら珍しい人きたよ」て。

暖取りながら何げなく近況を報告しあってたらな、「旦那は車椅子。おーちゃんも死んだし」ってふいに告げられてな。耳疑うたわ。こんなん言うたらあれやけど、絵に描いたような「悪童」の、納豆嫌いの、関取みたいな、おーちゃんがこんな「早うに」逝ってもうたて。たぶんまだ四十代前半とかちゃうの。

真顔で「金貸してくれ」て、凄まれて、何か事情があったんやろなと思って、貸したこともあったな。ほんまはこういうのあかんねやろけどな。律儀に何年後かに小屋の裏でみんなに見つからんように、返してくれたのいまだに思い出すわ。

　まあでも、酒飲んで死ぬなら本望みたいな兄ちゃんやったしな……。驚いてもしゃあないかもな。

　実はその前日の夜中にな、おーちゃんらが住んでた高架下を直線にず～っと一人で歩いたんよ。え？　あの長い道のり、ようそんな発想になるな、てか。

　いやでも、ようこの道、大学生の頃は夜回りならぬ昼回り[5]で、小屋で住んでる人に声かけて、一人で歩いたなぁとか思い出しながら。当時の小屋は一〇〇棟とかじゃきかんかったと思うけどな。

　もう今は綺麗さっぱり、何もあらへんわ。太っとい柱のまわりとか、ところどころにいてはるけどな。語弊があるけど、道が痩せ細ったなって思ったわ。いや、正確には野宿者おらんようになったんやから、だだっ広なったんやけどな。そもそも道やないけどな。

　景色が変わりすぎて、情けないけど、もう俺の記憶も消えそうやわ。そしたらな、余計、無性に会いたくなったわ。

　ほんでな、どういわけか昔の仲間の携帯の番号がずっとわからんようになってたんやけど、越冬の現場で人伝えで、生活保護とった久間さんには連絡とれたんよ。

　そら嬉しかったで。向こうもびっくりしてたわ。話すのたぶん、おーちゃんも世話になってた酒本ちゃんの葬儀以来やわ。やっぱり七年ぶりぐらいやろな。

　「茶でも行こうや、近くまで行くで」って電話で誘ったら、「越冬どこや。喫茶店？　今日は朝から喫茶店ハシゴしたんや。今日はもうええわ」って案外そっけなかったわ。

　「明日もまだ名古屋おるし、会おうや」言うて、電話切ったんよ。そしたら何時間後かに「越冬どこや」って久間さんから、電話がかかってきて。「せやから今年はZ公園とかいうところらしいよ」ってもう一回伝えたんよ。

　不思議な電話やな、とか思いながら、俺その日はもう宿へ戻ってん。そしたら翌日早朝に「もう帰ったんか？」って電話がかかってきて、「ずっとあれから〔公園〕いたんだってぇ」って言われてびっくりしたわ。「あの二回目の電話からずっとおって、公園で徹夜（野宿）かいな!?　なんで言うてくれへんの」。「みんなに会いたかったのって」。

　慌てて用意して向かったよ。ついたら久間さん、杖ついて、ちょっと寂しなったわ。歩くのだいぶ辛そうやったし。

　その公園の周り、喫茶店ひとつもない所で往生したわ。コンビニで缶コーヒー買って、また来た道で公園まで戻ったわ。

　道中に「おーちゃんが死んだんやってな」って聞いたんよ。そしたら「お前が殺したんや」って言われて、心臓止まるかと思ったわ。「冗談や」ってすぐ笑ってたけどな。「葬儀には出た」って言うてたから、生活保護費で開かれたんかな。

久間さんが「俺だけになってしもうた」って言うて、片方の手で杖もって体支えながら、片方の手の指で逝ってもうた仲間を数えてたわ。「上から呼んどるわ」って言いながら、ずんぐりむっくりの首から上が空に向いてたわ。

酒本ちゃんが亡くなってすぐに、背中を「切腹（手術）」したんやって。そこから杖をずっと使うようになったて。

「もう俺も酒は受け付けんくなったからね」と、こりごりみたいな表情やったな。久間さんも野宿の頃は、尋常じゃない飲み方やったからな。

「俺の〔死ぬ〕ときはお前やぞ」とか、久しぶりのいつもの台詞や。昔からこれ言われてるけど、看取る日がいつかくるんやろな。かなわんわ。

久間さんが死んでもまだ、俺まだ研究とかしてんにゃろか。他の支援者、みんなどうなんやろ。一番仲良くなった人とか、支援とか運動とかも一緒にやってきた仲間が死んだ後、みんなまだ活動続けてるんやろか。そら、続けてる人たくさんいるやろな、辛いやろうけど。辞めた人もいるやろな。どうしてんにゃろ。

2 浦島太郎やな

さっきちらっと話が出た酒本ちゃんやけど。彼も亡くなってもう七年経つんかな。それにしても、ベタな言い方やけど個性の塊みたいな人やったな。

まあ、そもそもみんなそうやけど……。前職も左官に鳶職のまねごとに、下水工事から水道屋に、自衛隊にと、なんかもうサバイバルのプロみたいな、ほんまに器用な人やったな。路上の仲間からは慕われてたし。彼も、酒よう飲む人やったな。病院嫌いやしな。

ほんで最後まで野宿生活貫いたよな。それこそ野宿歴十五年以上やろな。行政用語でいけば、「長期路上生活者」や。一時期「社会生活の逃避者」ってな言葉もあったしな。この言葉からだけやと、俺らの「思い出」なんて、想像もつかへんやろな。

酒本ちゃんが名古屋へきたのは一九九一年くらいかな。その頃であの高架下のあたりは五軒小屋があったらしいな。酒本ちゃんとつれあいのきよちゃんも最初はむき出しの野宿やったけど、「そこじゃ寒かろ」って知り合いに言われて、現場監督に交渉して自力で材料集めて、粗大ごみで家具を揃えて高架下へたどり着いたんよな。

小屋で暮らしはじめて五年たって、その頃酒本ちゃんは夜回りにも参加してて、路上で出会った野田さんを高架下へ呼んだらしいな。彼らと俺が会うのは、もう皆が小屋で暮らしてる頃よね。アルミ缶集め[6]は、雨の日も雪の日も夜中に出かけて、睡眠時間は四、五時間で。

あの高架下のことは、いろいろ思い出すけどな。麻雀うったり、アルミ缶つぶしたり、泊めてもらったり。俺が不覚にも現金落としたときは、みんなが深夜まで慰めてくれたしな。笑えるわ。

クリスマスは個人的には最高やったわ。久間さんが、生活保護とって元気になりたての頃、電話がかかってきたんよ。「山北く～ん、クリスマスはあいてるか？　名古屋へこ～い」「え？　クリスマスっすか？」「待ってるから」。「なんで、クリスマスに……」とか思いながらも、関西から足軽く名古屋へ向かったな。

そしたら、いつものにぎやかな高架下じゃなくて、外には誰もおらんくて。でも、灯りが小屋のなかについてて。ドア開けたら、久間さん、酒本ちゃん、きよちゃん、野田さんがいたんよ。

他の支援者は誰もおらんし。どうやら、俺だけを呼んでくれたんやな。「楽しみにしとったんだで、久間が」って、酒本ちゃんが言うて。

生活保護とれたからか、久間さんは、これまでになく、ご機嫌やったな。ケンタッキーフライドチキンを買ってきてくれてな。

酒本ちゃんも、すきやきを用意してくれたし。俺も感激して、なんて御礼していいんか、ようわからんくなったわ。久間さんは、「ま、飲め飲め、ジングルベルだでよ」、きよちゃんは猫を抱きながら「エヘヘヘヘ」って笑ってたな。

でも久間さんが、居宅で生活することになったのに、幾度となく、高架下に訪れていることを知って、住んでる場所が路上と居宅で違えど、やっぱりこの人らは仲間なんやなって思ったわ。

ほんで、何年かして、きよちゃんが先に亡くなるわけやけど、その時は、久間さんが一人になった酒本ちゃんのところで四十九日までずっと野宿してたんよね。酒本ちゃんの葬儀も思い出すね。写真が葬儀場の壁一面に貼られて、いっぱい仲間来てな。ほんで、彼が住んでた高架下でも盛大に一杯やったんよな。きよちゃんと酒本ちゃんは今頃向こうで再会して、猫と戯れてるやろか。

ところで、酒本ちゃんたちと一緒に暮らしてた野田さんは、故郷へ帰ったんやってな。やっぱりきよちゃんとか、酒本ちゃんたちが亡くなったの、でかいよな。だって仲間おらんくなるんやもんな。

日本で野宿状態の人が多かったんは一九九〇年代から二〇〇〇年代初頭やけど、剛胆な活動家の黒崎さんと、今後の「展望」について話してた時や。たしか彼、俺にこう言うたわ。「路上で暮らしてる集落の仲間ごとに〔ユニットで〕、グループホームのようなものをつくって、そこにお前も住め」て。

その頃の俺は、「いや住むのはちょっと……」て返答したと思うわ。同時に内心で「そんなもん、いつになったらできるんや」って、なかば夢想として受け取ってたしな。怒らんといてや。これ、特に支援策もなく、ほとんどの野宿者が自前のテント・小屋を張って暮らしていた頃のことやしな。ほんまに実感なかったわ。

せやけど、あれから十年以上たった今はどうよ。民間で、ばっちりそういう「ホーム」できてるよな。ほんまあの頃の俺が今の状況見たら、浦島太郎やで。慧眼の黒崎さん本人は、ついぞ、そういうの見ることなく、現場離れたしな。自分の職場が東京にうつって、はじめてそういうの見たとき、ちょっと複雑な気分になったな。[7]

「なんでこんなとこで何年も野宿で住んでるの?」ってよく聞かれるよな。酒本ちゃんらが野宿してた当時は、もちろん年齢的に生活保護とらしてもらえへんっていうのもあったで。それもあるんやけど、そんなん自力で生活つくってきて、住み慣れて、思い出あったら、離れるの結構覚悟いると思うで（いや、もちろん定住してないような野宿の人ら、絶対生き延びるだけでも大変やで）。

ほら、よう酒本ちゃん「和をもって」とか言うてたしな。「いまの俺たちの場合は、ホームレスになった場合は仲間どうしの助け合い、うん、銭（ジェニ）、金じゃないよ、うん、……あの、……生きるな、……あの俺たちまだ人生があるんだから、生きるときまでの和をもって楽しく、この世の……人生を過ぎていこうかっていうて、みんなで仲間と、俺らのとこはな、それでやってる、ずーーーっと」。ずーーーっとってのが、ほんまにようのびた言い方やったわ。

もちろん酒本ちゃん、貫いたとしかいいようないけど。あの頃、今みたいなグループホームが実現してたら……。でもあの「展望」って、そういう彼らの野宿生活の歴史とか、仲間の関係とか、葛藤とかの部分をまるごと汲み取ってたんやろ？　なあ？

3　路上の運動へ

まあ、酒本ちゃんみたいな人って今のところ減っていく一方やけど、それでも路上の運動が大切にしてた（る）ものって何やったやろって、今でもよう考えるで。なんでって、やっぱりこの国で初めて生まれた野宿者の当事者運動やと俺は思ってるからよ。野宿者支援と違うで。

もちろん、支援者も一緒にやるわけやし、野宿者支援なんやけど。でも運動と支援が重なって、支援者と野宿者が一緒にやる中で生まれる一閃の論理に、ほんまに勉強させてもらったわ。

「野宿万歳！」「ビバ野宿！」っていう言葉もあったよな。よう考えたらすごい言葉やで（笑）。いやいや、九十年代後半からの大真面目なスローガンやからな、笑ったらあかんよな。大意としては、「野宿の何が悪いねん」みたいな感じやんな。いや、さすがに当時の状況もあってこそやし、もう少し丁寧に言うたほうがええやろな。

この時期の運動の機関誌とか読み返してたらな、「野宿状態が必ずしも非人間的な環境をなすものではない」って明言してるんよな[8]。

> 野宿状態＝非人間的、つらい、しんどい、かわいそう、支援・救済の対象などという見方は一面的に過ぎない。そればかりか野宿者を見下し、個人の尊厳を著しく傷つける危険性をもつ。

むしろ、非人間的な環境に貶めるのは、公園でのテント建設禁止や、公園からの排除、十分な収入を得られないこと、襲撃や嫌がらせ、家族・友人・社会関係が切断されがちであることで、こういうことは、行政と地域と社会と野宿の仲間とそして支援者の協同で、野宿状態のままでも解決可能、っていう想定なんよね。

一方で「路上に暮らす権利と、野宿生活の肯定・野宿を好きでやっていることは結びつかない[9]」とか、「路上のコミュニティを強調することは、路上に開き直り路上を能天気に『謳歌』するようなことでは決してない。コミュニティやつながりは、路上でなければできないものではないし、路上でないもっと適切な居住環境のもとで行われる方がいいに決まっている。しかし、他方、コミュニティやつながりを含む『適切な居住環境』なるものが路上よりもハコモノだと決まっているわけでも決してない[10]」とか、野宿全面展開ってわけではないっていうのもミソなんよね。

実際さっきの黒崎さんなんかも、グループホームの「展望」もってたわけやし。案外幅があるっていうか、じつは柔軟な論理を内包させようとしてたんやろ？ 他にも、自前の仕事づくりとかほんまに先進的やったよね。「ないならつくる」ていう発想は、当事者が主体で何かやるんやっていう気概があったしな。

まあ、でも話は戻るけど最初に黒崎さんからこの「ビバ野宿」教えてもらったときは、「よう言わんわ」って頭抱えたもんやで！　これ言うたとたん、「じゃあお前も明日から野宿な」って言われてもしゃあないしな！

そらそうやで。一方で「仲間」って言葉使うんやもんな。運動に関わりはじめて間もなく出会った「仲間」っていうあの独特の言葉。ビラに「仲間たち‼」っていう呼称で当事者たちに呼びかけるあれよ。この、「仲間」っちゅう言葉が当事者をあらわすっていう使い方がまた独特で。ただ発する場面によっては、めちゃ力強い、一体感を生み出すんよね。[11]

せやけど、野宿者と共にありたいという支援者の思いと裏腹に、野宿者の間の差異とか、支援者と野宿者の関係性について考えはじめたら、この言葉って、ぜったい色が揃わへんルービックキューブみたいなもんやからな。まあ、でも活動家の皆はそんなこと百も承知やろな。

忘れられへんことひとつあるねん。昔、釜ヶ崎に足をはこんだときよ。活動家たちとホルモン食べて酒飲んで、店出て、駅へ歩き出したんよ。

高齢で小柄やけど、活動家の宅戸さんが早いテンポで歩いてな、「オイ」「オイ」「オウ」って、すれちがう知り合いや、路上にたむろする人たちと挨拶交わしながら、いつものあの笑顔でにこやかに進んで行くんよね。ほんま、彼が長い年月、釜ヶ崎に関わってきたことが、圧倒的に鮮明になる瞬間やったわ。「お、宅戸さん」「オウ」。数歩進むたびに、この挨拶が交わされるんやから。

そしたらな、ある男性と挨拶を交わした後、宅戸さんが俺のほうに振り返ってこう言うたんよ。

「えらそうに歩いてるでしょ、でもね」

——「ええ」

「名前知らないんだよね」

——「ああっ、そうなんですか？」

「俺はね、仲間っていう言葉、大嫌い。」

——「ええっ⁉」

「仲間、仲間って使ってるけどね、それじゃダメなんだよね。」

俺、返す言葉なかったわ。宅戸さんは、「じゃあ、〇〇ちゃん、後ろに気をつけて」って怖い言葉を言い残して、あさっての方向へ歩いていったな。

「仲間っていう言葉大嫌い」に込められた思い。でも宅戸さんも使ってる。この矛盾。いろんな野宿者を前に、「仲間たち」って一括りにする。しかも支援者が、「仲間たち」と使う。それでも関わっていく。ほんで「仲間」という言葉がダメやということ……。

今なら何て返せるやろな。名前覚えりゃＯＫみたいな話でもないしな。「仲間」って括るのは馴れ馴れしいからって、野宿者をクライエントにするのも当事者運動的には後退やしな。「支援する側／される側」の関係を乗り越えるうえで、設定された仲間っていう理念の限界を考えながらやれってことですか？　とか、聞き返すことしかできひんな……。やっぱり難しいな、この駄目出し。

でも仲間をめぐる信念を本気で貫いて、仲間のもとへ入り込んで一緒に野宿生活したのは、そう、丸田くん。はたから見たら、「なんもそこまでせんでも」とか言われるやろけど。彼の覚悟は計り知れんけど、でも彼の葛藤がうっすらと思い浮かぶだけに、いまだに頭さがるというか、当時も彼のその決断を厳粛に受け止めたわ。野宿の仲間の近くで生きていくことにな。

そんな彼が入り込んだ公園の仲間も、最終的には追い出されたんよな[12]。

「〔小屋は〕命の砦やと思ってます、はたから見たら汚いかもしれんけど、仕事から帰ってきたらホッとしますし」これ追い出される最後まで公園でふんばらはった当事者の一人、万田さんがテレビのインタビューに答えてたときの言葉やわ。

この公園の当事者たちは、自分たちの住処をこの言葉どおり心底感じてたやろな。自分たちが畑でつくった作物をテントの前で売り出したら地域住民が買っていったり、パンクした住民の自転車を直してあげたり、通行人がたき火にあたっていったり、若い支援者・仲間が日々おとずれたり[13]……。

追い出しは壮絶やったな。言葉にならへんきつさがあったよな。「屋根と寝床は生活の一部でしかない。強制排除は何よりも生活とコミュニティを破壊する[14]」この言葉、そのとおりやと思うわ。抗えば、抗うほどに、こっちは、壊滅へと向かう気がしたしな。孤立はほんまに恐ろしいで。でも、なんもせえへんってのは、ありえへんかったよな。常々「ただでは、負けない」って言ってた支援者の花ちゃんの言葉がやけに耳に残ってたな。もうあれは勘弁やわ。無理。

でもいわゆる抵抗以前に、この公園の仲間の野宿生活の日常が宿してたものって、（いい部分だけ見てるかもしれんけど）地域への繋がりとか、生活保護をとった人やいろんな若者が路上へと集うこととか。これって野宿者支援・運動が、形や場所をかえてでも引き継いでいくべきひとつの可能性をもってたって、個人的には今でも思ってるよ。

4　当事者運動続いてるよ

「もう当事者運動は終わってしまうんやろか……」って暗澹たる気持ちになって、俺もずっとブランクがあったけど、職場が東京になってからいろいろと全国の支援団体まわり続けてるねん。まあ、お邪魔させてもらうかたちなんやけどな。自分が今まで関わってた団体ってどういう位置やってんやろって。自分たちの接し方ってどうやってんやろってのも確認せざるをえないっていうか。

ぶっちゃけ、すっごい新鮮やったな。「仲間たち」って、ほとんど誰も言うてないしな（笑）。もちろんそれだけやなくて。訪れた街のサイズもあってか、「手厚い支援」が行き届いてる印象があったな。まさに尽力されてたわ。

ある地域では、自立支援センター[15]の中で祭やって子どもがきたり（あの包摂的選別と排除の象徴として批判してた施設内でよ！）、ある地域では公園で炊き出しっていうよりか、公共施設を借りて食事会やってたりとか。一方ある地域では、支援団体の事務所が地域住民の反対にあって転々として苦労されてたりとか。今までの路上の運動が相対化されたり、ある部分では連続してたり。

夜回り自体久しぶりに参加したんやけど、ある地域では、その時ボランティアの学生さんがなんかの拍子に「つまらん質問」してしまって、当事者から「何であんたらにそんなこと教えなきゃいけないんだ！」って怒られてるの間近で見て、初心にかえったりとか……。

まあなんしか、特別措置法[16]ができて最初の五年ほどの前半の時期とうってかわって、後半の状況を見たっていう感じで。行政との協働とか、地域との関係とか。そうした中で当事者運動ってどうなっていくんやろか、とか自分の中で課題がまた見え始めて。

ほんでいろいろ訪れてる最中に、二〇一一年に知人から「東京プロジェクトが報告会をする」ってメールをもらったんよ。野宿者の中には精神障害、知的障害等をかかえている人が多いっていう指摘とともに、そういったケアを必要とする人たちへ重点的に支援を行うっていう宣言をしたプロジェクトなんよ。

ほんで案内を見たら、そのプロジェクトには北海道浦河町の「べてるの家」が野宿者支援団体とかと合流してるって載ってて、びっくりしたよ。

二〇〇二年頃やったかな。斉藤道雄さんの『悩む力』も読んでて、当時の黒崎さんにもべてるのこと言ったことあったな。そしたら「極めて俺たちと近いことやってる奴らだろ」って、相変わらずの負けず嫌いというか、なんというか。

まあそんなこともあって、久しぶりに現場の人たちの報告を聞いてみようって決心して行ってん（まだ半分以上ブランクの感覚やったからな……）。

そしたら、報告会では当事者が生き生きとしゃべってはったわ。もうすでにグループホームとか、アパートで暮らしてる人とかで、普段はそれこそべてるの昆布とか、パンとか営業に行ってるって。直感的にここは、当事者運動の要素が続いてるんじゃないかって思ったんよ（もちろん運動っていっても、「ゴリゴリの運動」とかじゃなくて、日中活動というか生活そのものというか）。

その直感もあって、それから思い切って、東京プロジェクトの活動にお邪魔させてもらって、料理教室とか、パンづくりとか一緒にやらしてもらってん。みんなでつくったパンはまた夜回りで配られて、ほんでそのパンもらった野宿の仲間がまた地域で暮らしてみたいな循環が生まれてて。ほんまにゆったりとした時間が流れてて、居心地よかったで。どんどん活動の幅は広がって、訪問看護の団体も合流して、いわゆる包括的な支援が展開されてるよ。

「ああ、ある部分では、黒崎さんが言うてたの、こういうのやったんやないかな」って、すーって入ってきたというか、受容できたというか。やっぱりそれって、路上から場所は変わったけど、ちゃんと当事者を中心にして、活動をしようとしてる人たちがいるって、ようわかったからやろな。[17]

ほんで、その池袋の皆が今注目してるんが、ハウジングファーストっていう支援の取り組みなんや。自分なりに日本語に直したら「屋根至上主義」か⁉ いやいや、それこそ昔はこの言葉で、「シェルター政策＝屋根至上主義」って批判してきたけどな。でもあの頃に用意されてた屋根とはだいぶ違うで。シェルターとかの中間施設をすっとばして、いきなり個室のアパートに入ることを目指してる取り組みやから。

このハウジングファースト[18]って、一九九二年、アメリカのニューヨークではじまったプロジェクトで、政府からの承認もあって、アメリカ全土ならず、カナダ、オーストラリア、ヨーロッパにも波及してる、いわばホームレス支援の最前線みたいやな。これまでの段階的な屋根に入所していく、いわゆる「居住のはしご論」的な対策における再路上化する人の多さに対して、「直アパート」は安定してるっていうデータも出てるみたいやし[19]。

消費者の選択（いわゆる自己決定）、コミュニティを基礎にした機動性のあるサポート、定住の住居、ハーム・リダクション（有害性を減らす）。この四つが実践において主要な方向性って言われてるわ。

もちろん路上からアパートに入って終わりじゃなくて、包括的なサポートがセットになってるところを重視してて、背景にはやっぱり路上に残る慢性的な層に精神障害とか（アメリカではとくに）薬物依存とかの重い症状があるからやろうな。だから、さっきの四つのキーになる要素も、ハウジングファーストがオリジナルっていうよりは、ホームレス支援以外のリハビリテーションや消費者運動、HIV／AIDS対策とか、そういう先行する実践をホームレス支援の中で咀嚼していった感じやと思うで。

ケアに関しても、「私はあんた（支援者）が訪れたときに、ビールをカウチの下に隠さないといけないみたいなのは嫌や」っていう当事者の語りを重視して、プログラムの要求と当事者の自由を分けて考えようとしてるみたいやし。

べてるの家が当事者研究で蓄積してきた「苦労」との付き合い方って、まさにハーム・リダクションに近いし、訪問看護のサポートもあるし、さらにはパン屋さんなんて、地域との関わりも視野にいれてるしな。池袋の人たちが積み上げてきた実践もぜんぜん負けてないな。あ、これが負けず嫌いってやつか（笑）。

日本でハウジングファーストが実現したらどうなるんやろな。もちろんアパート入って「終わり」じゃないしな。路上の運動の系譜からすれば、それだけでもあかんやろし。でもハウジングが居住地（residence）になるような、地域ができてくるんやろか。支援者との関係だけってのでは、これからはなおさらな……。もちろん「つながり嫌い」な人も射程に入れていかなあかんし……。でも久間さんやないけど、当事者間のつながりって軽々とできていく可能性もあるしな、その先に何かが起こるんじゃないかってのも期待してるねん。

5 ほな、また

手紙って自分のことよく知ってる人や、その時点での関心の幾つかを共有したいと思った人と接触をもちつづけるための手段[20]やけど、行間にいろいろ埋めすぎたかもな。

やっぱりハウジングファーストを知ったからこそ、あの頃の路上の取り組みとか、ちょっと整理しておきたかったんよ。路上から屋根へ、やからな。言うてることだいぶ変わったやろか？　正直、変わったんやろな。まあ、こっちで新たにいろんな人たちと出会ったことも大きいわ。

野宿か屋根かっていう二者択一に映りがちやけど、酒本ちゃんみたいな、ああいう生き・死にざま前にしたら、なんて声かければいいんやろな……。「死の意味についての解釈は、社会の発達のあり方によって変化する」[21]って言うてるけど、この野宿者支援の世界でのここ十年あまりって、本当に変化が激しいからな。う～……。やっぱり今でも俺なら絞り出して「おつかれさん」かな。なんか、向こうからは、「野宿と屋根は矛盾してないからな」って言ってくれてるような気はするんやけど。めちゃめちゃ勝手すぎるやろな……。

「今日はここ泊まっていくんだろ」、「俺のとこ泊まってけ」。これ、高架下行くたびに、よう酒本ちゃん言うてくれてた言葉やわ。酒本ちゃんのこの声かけ、当たり前のように俺はありがたがってたけど、あれってもう感覚的には〈おうち〉なんよな。物理的な屋根っていう意味を超えて、去る者／残る者の人間関係も含めて、その渦中に酒本ちゃんが在るっていう。

今から思えば、この〈おうち〉にいることがいかに重要かっていうか。つまり自分で決定できるっていうか、生活たてるっていうか、「ここ私の部屋、どうぞ入って」って心から言えるっていうか。

もちろん〈おうち〉に至るまでの背景が、追い出しとかやと話にならんのやけど。だからきっと「屋根」に至るまでには、脱野宿への説得があったり、何がきっかけになるかわからんけど、同時に自身でおくってこられた野宿生活への納得があることも大事なんちゃうやろか。

でもなるべくなら、もう今は地域のアパートの屋根を〈おうち〉にって。俺はそう思ってんねん。

もっと言葉尽くしたいけど、こんなとこかな。返信？ それはまた会うた時でええで。ほな、また。

[注]

［1］以下の登場人物はすべて仮名です。また私の過去の野宿者支援の参与の過程については（山北 2011）に詳述しています。登場人物の一部のエピソードは、前掲著と（山北 2014）でも使用しています。なお二〇一四年から二〇一六年の参与・インタビューに関しては、科学研究費助成事業（若手研究B：課題番号 26780285）の助成を受けました。

［2］本稿は筆者が野宿者支援団体の「支援者」として参与観察した経験を再帰的に執筆したものです。そのため、本稿を実験的なオート（自己）エスノグラフィーのひとつの形式として位置付けたいと思います。なお、自身が「調査者」でもあるため、完全なインサイダー（Hayano 1979）なのかどうかめぐる自己アイデンティティの問題は決して単純ではありませんが、別著でその複雑性について若干論じています（山北 2011）。

レオン・アンダーソンはオートエスノグラフィックな要素は社会学的な質的調査に昔からあり、古くはシカゴ学派の『ホーボー』においても、著者ネルス・アンダーソンの個人的経験がホームレスの生活様式と共に描かれていることを指摘しています（Anderson 2006 = 2013: 71）。

人類学者のデボラ・リード＝ダナヘイはオートエスノグラフィーを、「社会的文脈の中に自己を位置付ける自己物語〔自己の語り〕の形式」（Read-Danahay 1997 = 2013: 10）として定義しています。ダナヘイは、伝統的なエスノグラフィックな説明に備わる表象や権力をめぐるポリティクスに対する一九八〇年代頃からの気づきを背景に、オートエスノグラフィーは増えているが、それらは（1）ネイティブ人類学（自身が所属する集団の研究）（2）エスニックな自叙伝（エスニックマイノリティによって執筆される個人の物語）（3）自伝的エスノグラフィー（エスノグラフィーに調査者自身の経験を挟み込む）のおおまかに三つのジャンルの交差の中にあることを指摘しています。

　また、キャロリン・エリスとアーサー・ボクナーはオートエスノグラフィーを「ジャンル的には自己自叙的な記述とそれをとおした研究に属し、個人と文化を結びつける重層的な意識のあり様を開示するものである。自己エスノグラフィーの実践者は、エスノグラフィックな広角レンズをとおして、過去と未来を見据えながら、まずは、自らの個人的経験の社会的・文化的側面へと外から迫っていく。そののち、そうした経験の内面へと迫り、文化が提供する慣習的な解釈のあり様によって動かされたり、またそうした解釈を促進したり変形したり差し止めたりする、バルネラブルな自己というものを開示することになる」(Ellis & Bochner 2000 (2013) = 2006: 135–136) としています。

　本稿もキャロリン・エリスらの指針に多くを負いながら、「野宿者を取り巻く状況が刻々と変わっていく中で、路上に留まる人や脱却する人などの『差異』を前に、（支援者は）それらの『差異』を対立させてしまうことをいかにして回避できるのか。いかなる論理を用意できるのか」という問題関心（とその向き合い）のもと、現在という地点から過去に向けて、ある野宿者の死と生を再帰的に執筆しました。その際、手紙の形式が「現在から過去を振り返り、そして現在に立ち返る」という目的を果たすうえで、筆者にとって最も合致すると考えました。

　いずれにせよ本稿で書ききれないオートエスノグラフィーの方法をめぐる検討は、サラ・デラモント（Delamont 2007 = 2013）などの辛辣な批判も含めて、改めて別稿を用意したいと思います。

［3］役所が閉まる年末年始に、炊き出し・夜回り・生活相談など活動しています。

［4］野宿状態の人が生活保護を受給することは、これまで非常に困難でした。「住所がない」、「まだ働ける」などを理由に福祉事務所の窓口で申請が受理されないことが続いていました。しかし支援団体は粘り強く野宿者の申請に同行し、不服審査請求を提出したり、時には訴訟も行ってきました。生活保護をめぐる運動の歴史に関しては（藤井・田巻 2003）を参照してください。

［5］夜回り・昼回りは、支援者と野宿者が出会い、交流する活動として、野宿者支援の中でも最も中心的なものといえます。しかし、時には声をかけることを拒否されたり、「もうここで死ぬわ」と告げられたり、支援者でありながら無力であることを指摘されたり……。それでも雨の中、台車を押している人や、濡れた段ボールの中で寝ている人たち、冬に一人でうずくまっている人などに出会うと、改めてこの活動のミッションをふりかえり、初心にたちかえらざるを得ません。

［6］二〇〇〇年代当時でアルミ缶はだいたい一キロあたり一〇〇～一二〇円前後に換金されていましたが、酒本さんも

収集の「ベテラン」の頃には自転車の四方八方をアルミ缶の入った袋で一杯にして、一回の収集につき三〇〇〇円ほど収入があったかと思われます。しかし現在は自治体によってはアルミ缶の収集が規制されています。

[7]「生計困難者のために、無料又は低額な料金で、簡易住宅を貸し付け、又は宿泊所その他の施設を利用させる事業」である無料低額宿泊所に対する「貧困ビジネス」としての批判は記憶に新しいかと思います。ただし民間の施設をすべて「貧困ビジネス」として一括りにすることは注意が必要でしょう。一方でホームレスに対する生活保護行政において、無料低額宿泊所がもはや必要不可欠になっている現状が指摘されています（山田 2016）。こうした無料低額宿泊所をめぐる実態とその評価と提言に関しては山田（2016）を参照してください。

[8] 以下の野宿に関する思想は、団体A機関紙二〇〇五年より。

[9] 団体B機関紙一九九九年より編集して引用。

[10] 団体A機関紙二〇〇一年より。

[11] この言葉を初めて私が使ったのは野宿者支援の世界に入って最初の夏祭り・追悼集会でした。黒崎さんから「支援する側／される側」という関係を乗り越える意志がこの言葉にこめられていることを教わりました。また夜回りに参加していた野宿の当事者から「足の悪い仲間は相談にも行けない」と言われたことも、支援活動について考えさせられる出来事でした。以降私は、野宿者と支援者が協同しながら　黒崎さんも所属していた夜回りの団体に（一時期）参加することになりました。

[12] 公園で暮らしていた野宿者で立ち退きを迫られてから最後まで残った七人に対して、行政代執行による強制排除が行われました。市職員・警備員・警察ら数百人が動員され、小屋や荷物は撤去されました。行政職員の「危険ですから、退去しなさい」という台詞がトラメガで繰り返され、支援者や野宿者の怒号や泣き叫ぶ声が公園に響き渡る筆舌に尽くしがたい壮絶な状況でした。

[13] 記録集編集委員会（2007）を参照。

[14] 団体A機関紙二〇〇〇年より、編集して引用。

[15] 働く意志があり、健康に支障のない人が一定期間入所し、就労を目指す施設です。なお、自立支援センターに関する研究として北川（2006）をあげておきます。

[16]「ホームレスの自立の支援等に関する特別措置法」は二〇〇二年に十年間の時限立法として施行されました（五年延長）。特措法第一条では「この法律は、自立の意思がありながらホームレスとなることを余儀なくされた者が多数存在し、健康で文化的な生活を送ることができないでいるとともに、地域社会とのあつれきが生じつつある現状にかんがみ、ホームレスの自立の支援、ホームレスとなることを防止するための生活上の支援等に関し、国等の果たすべき責務を明らかにするとともに、ホームレスの人権に配慮し、かつ、地域社会の理解と協力を得つつ、必要な施策を講ずることにより、ホームレスに関する問題の解決に資することを目的とする」とされています。

[17] 各団体の活動の様子については、山北（2013）でさらに詳

述しています。

［18］以下は Padgett, Henwood, Tsemberis（2016）および Tsemberis（2010）を参照。なお、日本においても東京都がかつて「地域生活移行支援事業」を実施した際、「直アパート」の政策の是非や実態が議論されています。この点については、稲葉（2009）、北川（2010）などをあげておきます。

［19］Tsemberis & Eisenberg（2000）, Stefancic & Tsemberis（2007）など参照。

［20］Mead（1977＝1984）より。

［21］Elias（1982＝2010:8）より。

［文献］

Anderson, Leon, 2006, "Analytic Autoethnography," *Journal of Contemporary Ethnography*, 35(4): 373–395, Reprinted in: Pat Sikes ed., 2013, *Autoethnography: vol.2*, Sage, 69–89.

Delamont, Sara, 2007, "Arguments against Auto-Ethnography," *Qualitative Researcher*, Reprinted in: Pat Sikes ed., 2013, *Autoethnography: vol.2*, Sage, 94–100.

Elias, Norbert, 1982, *Uber Die Einsamkeit Der Sterbenden*, Suhrkamp Verlag, Frankfurt am Main.（＝二〇一〇、中居実訳『死にゆく者の孤独』法政大学出版局）

Ellis, Carolyn & Arthur Bochner, 2000, "Autoethnography, Personal Narrative, Reflexivity: Researcher as Subject," Denzin, Norman, K. and Yvonna, S. Lincoln ed., *Handbook of Qualitative Research*, SAGE, California, 733–768, Reprinted in: Pat Sikes ed., 2013, *Autoethnography: vol.1*, Sage, 125–173.（＝二〇〇六、平山満義監訳「自己エスノグラフィー・個人的語り・再帰性：研究対象としての研究者」N・K・デンジン／Y・S・リンカン編『質的研究ハンドブック３巻――質的研究資料の収集と解釈』北大路書房、一二九―一六四）

藤井克彦・田巻松雄、二〇〇三、『偏見から共生へ――名古屋発・ホームレス問題を考える』風媒社。

Hayano David, 1979, "Auto-Ethnography: Paradigms, Problems, and Prospects", *Human Organization*, 38(1): 99–104, Reprinted in: Pat Sikes ed., 2013, *Autoethnography*: vol.1, Sage, 29–39.

稲葉剛、二〇〇九、『ハウジングプア』山吹書店。

北川由紀彦、二〇〇六、「野宿者の再選別過程――東京都『自立支援センター』利用経験者聞き取り調査から」狩谷あゆみ編『不埒な希望――ホームレス／寄せ場をめぐる社会学』松籟社：一一九―一六〇。

――――、二〇一〇、「『ホームレス対策』における『支援』と『排除』の交錯――東京区部を事例として」『解放社会学研究』二三：四九―四六。

記録集編集委員会、二〇〇七、『それでもつながりはつづく』ビレッジプレス。

Mead Margaret, 1977, *Letters From the Field,1925–1975*, Harper & Row, Publishers, New York.（＝一九八四、畑中幸子訳『フィールドからの手紙』岩波書店）

Padgett Deborah K., Benjamin F. Henwood and Sam J. Tsemberis, 2016, *Housing First*, New York: Oxford University Press.

Reed-Danahay Deborah, 1997, "Introduction to Auto/Ethnography: Rewriting the self and the social", Deborah Reed-Danahay ed,

Auto/Ethnography: Rewriting the self and the social, Oxford, Berg: 1–9, Reprinted in: Pat Sikes ed., 2013, *Autoethnography:* vol.1, Sage: 2–11.

———, 2001, "Autobiography, Intimacy and Ethnography," Paul Atkinson Amanda Coffey Sara Delamont Jhon Lofland and Lyn Lofland ed., *Handbook of Ethnography*, Sage, 407–425.

Stefancic A & Tsemberis S., 2007, "Housing First for long-termshelter dwellers with psychiatric disailities in a suburban county: a four-year study of housing access and retention", *The Journal of Primary Prevent* 28; 265–279

Tsemberis, Sam, 2010, *Housing First*, Minnesota: Hazelden.

Tsemberis S & Eisenberg RF., 2000, "Pathways to housing: supported housing for street-dwelling homeless individuals with psychiatric disabilities", *Psychiatric Services volume* 51(4); 487–493

山田壮志郎、二〇一六、『無料低額宿泊所の研究——貧困ビジネスから社会福祉事業へ』明石書店。

山北輝裕、二〇一一、『はじめての参与観察』ナカニシヤ出版。

———、二〇一三、「ルポ東京プロジェクト」『二〇一二年度東京プロジェクト活動報告書——世界との対話へ』特定非営利活動法人メドゥサン・デュ・モンド・ジャポン、三一—三三。

———、二〇一四、『路の上の仲間たち——野宿者運動・支援の社会誌』ハーベスト社。

特集〈いのち〉の社会学

死に支えられた幸福の国と「曖昧な死」への意味づけ

――ブータンから東日本大震災への応答

金菱 清（東北学院大学）

1 「五感不満足」でも人は人たり得るか⁉

（永久に……。永遠に……。無……。む……。空……。くぅ……。）

しーんとした空間。いや空間という感覚すらない。

夜中、いやだーというどうしようもない感覚に襲われその場にいてもたってもいられなくなる、そんなときがある。小さな時分と較べたら、だいぶ少なくなったかもしれない。

おそらく人より寝つきの悪い私は、死ぬとどうなるのか考えても答えのないことをついつい思考をめぐらしてしまう。聴覚・視覚・味覚・触覚・嗅覚といわれる五感すべてが奪われた世界が待っているのだ。自分という存在の融解と時間と空間を抹消する感覚に絶望を覚えざるをえない。それにもかかわらず、家族をはじめまわりの人間は平気な顔をして過ごしている。そんなあほなとつい突っ込みたくなる。ある「社会」との接点は、そんなウソっぽい世界で成り立つことの虚構性に満ち溢れていることを体感的に自覚させられた瞬間からかもしれない。

自分の存在は、死ねば肉体も意識も消滅する。

このシンプルであるがゆえに、恐ろしいルール。皆わかっていても見ぬふりをしている。嘘の上に嘘を重ねて、ある死神がでてくる小説には、「死ぬことが怖い」と漏らす人間に対して、死神は「生まれてくる前は、怖かったか？　痛かったか？」と尋ねる。すると人間は「いや」と答える。それに対し「死ぬということはどういうことだろう。生まれる前の状態に戻るだけだ。怖くもないし、痛くもない」とクールに伝える。そして死神は独り言で、「人の死には意味がなく、価値もない。つまり逆に考えれば、誰の死も等価値だということになる。だから私には、どの人間がいつ死のうが関係がなかった」と吐露する。もし生前と死後が同じもので可逆的なものであれば、死後も恐れる必要はなにもない。

　ちなみにアイソレーション・タンクという装置を使えば、私たちが揺るぎないと思っていた身体感覚は崩れてしまう。中が真っ暗になる日焼けサロンのようなカプセルのなかに塩水を浸し、そこに真っ裸で入る。暗いし音も聞こえないし、裸で浮いているので体の重みもない。体温とほぼ同じなので普段はしっかりしているはずの体の内と外との境界が曖昧になっていく。身体感覚を遮蔽することで五感を人工的に奪うことができる。「五感不満足」の場合、体験をした人は身体が〝溶ける〟感覚がするそうだ。宗教的儀礼でしばしば麻薬が使われるのも同様の効果をもたらす。

2 「使い捨て」の近代的個人のモデルと社会学

　死の世界から考えれば、ジェンダーやセクシュアリティ、マイノリティ、貧困や所得分配など多様な連字符を社会学が冠しながらも、今の社会学が想定しうる対象とそのモデルは、きわめて〝狭量〟であることが透けて見える。社会学における多くの場合、生者側からみた生きる問題を主題とするもので埋め尽くされているからである。もちろん生きることについて目下の関心ごとであるので、そこに問題がある場合、社会学のテーマが集中するのは当然首肯できる。

　しかし、生きるとはどういうことだろう。自ら選んでこの世に生まれ出てきたわけではないので、それを偶有性と置いて、その人が亡くなるまでの死をゴールとみなして、「使い捨て」の人生を想定する傾向にあるのではないだろうか。現に我々が死を意識するのは、癌の告知を受けてジタバタするようなとき。そんな生の生き方を送っているので、多くの患者さんは「まさかの坂」を突きつけられ第二の人生を送ろうとした「矢先」の言葉で狼狽するしかない、とかつて医者の講演で聞いたことがある。死生学の第一人者であるE・キューブラ＝ロス（2001）の否認と孤立・怒り・取り引き・抑鬱・受容という「死の五段階説」におけるプロセスのなかには、自分に限って死ぬことは絶対にありえないという共通認識が根底にあり、このことを理解しないことには先に進めないという。人はいつか死ぬが、死ぬということを当の本人が想定していない、この矛盾を矛盾のまま生きていることに妙に合点がいくのではないか。余命を宣告されたものでないかぎり、今日食べて恙《つつが》なく生きているとは明日死ぬとは想定していない。その積み重ねが人だとすると、死ぬというのは関心外なのであろう。

まさか自分がそうなるとは思っていなかったのに……という反応は、本来的に偶有性の延長に生を置き不可逆な死を想定しているからであろう。しかし、ここで質問を加えてみよう。そうした人間である限り不動の事実のように見える生と死のあり方は、本当に絶対的なものだろうか。

仮に、生をその逆の本質的属性に置いてみるならば、事態は大きく異なってくる。ブータンを訪れたとき、あまり考えてもいなかったことで鈍化した右脳を強く触発された。震災関連で東北を見続けるなかで、生死に関わる実践を考えていた時、ブータンの死生観もありだと思わされた。まずはブータンの幸せのあり方を紐解きながら日本における震災の死生観に関するあり方を考えてみれば、きっと社会学の生に立脚する射程も違った見方ができるはずである。

最近いわゆる秘境ブームの対象となっている〝幸せ〟の国、ブータン国を訪れることになった。ブータンではよく知られているように、GNHと呼ばれる国民総幸福量というかたちで、人びとの幸福（ハピネス）が国家目標の中心に置かれている。九月に訪問したこともあって、丘陵地帯にひろがる稲原が天を焦がすように黄金色にたわわに実るさまは、まるでどこかの時代にタイムスリップしたような錯覚になり、タイムマシーンを使えるならばこのような地域をかつての日本に見つけられそうなどこか懐かしい匂いのする郷里であった。

北を中国、南をインドという十数億人を抱える指折りの巨大大国に挟まれた、わずか七十万人足らずのブータンは、人口規模からいえば国として呼ぶことさえ憚られるほどの超小国である。このミクロ世界を支えるのは、国家収入のうち六割を超える水力発電による電力とその豊富な水資源の、慢性的な水不足に悩むインドへの売却、それと一日一人あたり徴収される二〇〇〜二五〇ドルの海外観光客からの収入である。五才から英語を学び皆バイリンガルであり、国際競争力を皆身につけている。田舎を車で走ればそこかしこの家の壁には少しこちらが気恥ずかしくなるくらい繁栄の象徴としてポー（男根）があまりにもリアルに立派に堂々と描かれていた。普通日本ではトイレの片隅や学校の机にそれとわからなく控えめに描かれている類のものがここでは社会的地位を占めている。お寺にいけば歓喜仏（ヤブユム）と呼ばれる男尊と女尊が交わる様子が春画のように堂々と描かかれている。ふたつが交わることでより高い次元へとパワーを得られると考えられているからである。ここはまるで井上ひさしの東北国の独立を描いた長編小説『吉里吉里人』の世界でもある。

3 「どこが幸せの国やねん」という先進国の年輩者にはない〝幸せ〟

ツェチュというブータンの伝統的なお祭りを見学した際、会場にたまたま居合わせたツアー客の日本語が隣から聞こえてきた。ご年輩の方でなにやら怒っているようであった。「どこが幸せの国やねん」という関西訛りのつぶやきであった。祭りを見ながら聞こえてくる内容は、トイレから帰ってきた同行のツアー客の方とのやりとりで、一昔前の雪隠のような汲み取り式で汚物に塗れ鼻をつんざくような臭いのするものだったらしい。しかも、お祭りはただ踊り手が舞っているだけの単調なもので飽きがきたようだ。日本の高度経済成長を経ておそらくは各国を巡ってきた諸先輩方の眼には、ウォシュレットが完備するような幸せとは程遠い現状が、旅行パンフレットが謳っている「幸福のブータン」という冠とはだいぶかけ離れて映ったらしく落胆した様子のようにみえた。天国のような蓮の花が開いている穏やかな世界を想像したのだろうか。幸せとは何だろうか。

実は死と幸せが隣合わせのように同居していることに気づかされる。国民総幸福量GNHを国是とするブータンは、次の四つの柱を国の大きな指針としている。1．持続可能で公平な社会経済開発、2．ヒマラヤの自然環境の保護、3．有形無形文化財の保護と推進、4．よい統治、である。わたしたちの日本では国民総生産GNPが幸せを上回る価値として採用されている。いや物質的な豊かさが幸せを保証してきたと言い換えてもよいかもしれない。

しかし、年間二万五〇〇〇人前後の自死（殺）者をだしている手前、どうやらこの物資的な幸せもどこか心許ない。ブータンは後発ながら、先進国の同じ轍を踏むまいと物質的豊かさとは異なるものさしで国の豊かさを考えた。この考えにたてば、先ほどのトイレを近代化することも、踊りをパフォーマティブに観光化することも幸せとは到底捉えていない。地元のご年配の人が涙を流しながら踊りを拝んでいる姿も日本人の目には入らないのだろう。といっても演技が素晴らしいからという意味ではもちろんなく、来世につながる道を示す、死後の「予兆」を目に映ずる形で再現する祭祀なのである。つまりこの国では死んだら終わりではなく、死んだ後も来世へと続く道を人びとの前に提示し、それを人びとも実践として受け入れていることになる。

幸せは、何か日常生活が充実しているとか充足しているという感覚ではもちろんない。一瞬得られるような満足感はすべて無常であると捉えている。この国では、意外に聞こえるかもしれないが、死によって生が規定されている。このことからしか彼女ら彼らブータン人の幸せは見えてこない。欲をかいてその時だけを謳歌する幸せは、閻魔大王による地獄での裁き（ラクシャ・マンチャム）によって悪業として認定される。人間の善悪の所業を見守る善業を讃える白神と逆に悪業を咎める黒魔がその業の数だけの小石を出して天秤にかける。そして、閻魔大王の裁きが下り、転生する世界が決まる。徳のない人は来世では地獄などの低い世界に転生しなければならない。それはたいへん恐ろしいことになる。ツェチュの祭りは「見る功徳」と呼ばれるほど見ることそれ自体が非常に有難く、祭りを見る目は将来自らが死を体験するため我がこととして真剣そのものである。

年輩者がマニ車を回し涙を流しながら見るのも頷ける。現世で悪いことをすれば地獄などの六道の下位に落ち、良いことをすれば上位に生まれ変わることが、我がこととして真剣な眼差しのもとで、見る者と見られる者の関係性を昇華させる。観光客からの一方的なまなざしではない。死を想えというメメントモリ（死を想え）が生活のなかで常に想起されているのだ。

その後、中央ブータンにあるブムタン地方の農家を訪れ御年八十五歳のジミー翁に話を聞くことができた。民族衣装のゴがよく似合う。毎日欠かさず一日七時間も早朝からお経を詠む。その先にあるのは何かと問えば、死ぬことが怖くないし、生まれ変わりの際に地獄に落ちずにすむとのことであった。あとは老いて足腰が立たなくなる前に早く死ぬことだと笑っていた。達観している。死後より良く上の段階へと転生することが彼らにとっての幸せである。

4　死への鍛錬と「他者」のいない社会

いろいろ聞いてわかったことは、ブータンの人は死ぬ準備、正確には生まれ変わる手はずをお祭りを含めて小さいときから鍛錬して備えているということである。日本人のように年をある程度重ねて死の宣告を受けてから初めて死を考え始めるというものではないことがわかる。死に慣らされた生は当然のことながら死に対する覚悟ができている。我々が知る瞑想も普通心を落ち着かせる単なる技法でしかない。しかし瞑想は、そういう形で切り売りできるものではなく、大きく分けて、何らかの一点に集中し、心の動きを止めて何かに集中するサマタとありのままの今に気づくヴィパッサナーがあるが、これはバルド（四十九日間に転生するまでの期間、中有・中道とも表される）を抜ける際に極楽浄土に到達できるための悟りとしての鍛錬の意味である。

興味深いことに、四十九日の間に中有（バルド）を通ってすべて転生するのだと宗教者はもちろんのこと一般の人びともそれを受け入れている。悲しむことがこの四十九日の間で祝うべきことに一八〇度転換する場面を必ず迎える。死んでも悲しむことは死者を現世にとどまらせることになるので、できるだけ泣かずに祝福すべきことになる。仮に悲しんでいると、亡くなった人が現世に未練を残すことになり、次のステージでよい形で転生できなくなる最悪の事態が発生する。したがって、悲しみを残さない仕組みが幾重にも文化的装置として社会に組み込まれていることになる。たとえば、日本のように先祖はいないし、普通の人のお墓は存在しないし、もちろんお盆もない。なぜなら生きとし生けるもの、すべての人びとが生まれ変わるからである。

遺灰も火葬後川に流され、遺骨も骨を砕いて粘土に混ぜたツァツァと呼ばれる小さな塔を作って寺院などに納めるがそれも自然にさらされ風化を待つのみである。小川などにもそれが置かれ、マニ車が回る度にチリンチリンと音を鳴らす。また、ブータンの深い谷あいを車で走っていると、赤や緑などの煌びやかな旗がパタパタと音を立てながらはためいている。ルンタやダルシンと呼ばれるもので、いずれも小さな文字で経文がびっしりかかれていて、風が吹くたびにお経を詠んだのとの同じ功徳を得られる。ダルシンは亡くなった時にその遺灰を撒いた箇所に一〇八本の棒と布を立てることで供養される（環境保護のために現在二十七本に制限）。五色のルンタ（青・白・赤・緑・黄色）もそれぞれ天・風・火・水・地を表し、風（ルン）の馬（タ）に乗って経文が大空に放たれる様子は、そこに意味を感じざるを得ない。さらに、ブータンの国土は、降雨量は多いが肥沃な土地ではない。風が強い所では表土ごと剥ぎ飛ばされ、農作物がつくれるような土地ではない。風の強い箇所にダルシンなどをたなびかせる様は豊作への祈りでもある。目に見えない死者を生きるものの五感にふれさせる。

できうる限り無駄な殺生をしないため無駄に牛も蚊も殺さない。考え方の基本に輪廻転生が息づいている。生活のそこかしこに探しだすことができる。たとえば、ある農家で宿泊したポプジという村がある。ポプジはツル飛来の村として知られており、電気が通るときも飛来の妨げになるとして当初電化に反対し、地下に通したぐらいである。それは、ツルがチベットから飛来する宝物として、畑作に豊作をもたらすことを信じているからである。ポプジの民宿先の話には、長男が生まれてまもなく言葉を話すようになり、高僧（リンポチェ）の生まれ変わりだということで、四歳から十七歳になる今も遠く離れた町のお寺で特殊な修行をしているとのこと。母親は幼い子供と生き別れになったわけだが、聞いてみると、ほんの少し悲しい思いはしたが、高僧の生まれ変わりとわかってほんとうに嬉しかったと答えてくれた。

またある人は、お寺に馬で行けば楽だが、馬車代を払わないのはお金の問題ではないという。聞けば、もし馬に生まれ変われば重い思いをするかもしれない。なので重い荷物は現世のうちに自ら背負い込むという。自分で功徳を積むことが来世を決めることになる。日本の社会学が想定しうる他者や自然とは事情がかなり異なり、他者や自然は常に自己のうちに関係づけられ相互転換される。なぜなら今ある生きとし生けるものすべてが、過去の自分であったり、未来の自分である可能性があるからである（ロールズ的な公正としての正義は、欧米の社会を念頭に功利主義の原理とは異なる二つの原理を描いた。社会的な不平等を機会の均等を図りながら、最も不遇な人びとの利益を最大化するという機会均等原理と、結果的に発生した社会的不平等に対して改善する格差原理であるが、ブータンの公式に当てはめると、利他的な行為と利己的な行為とを入れ替え可能な等価なものと置いているのではないか。したがってロールズはあくまで架空の上での公正理論だったが、ブータンでは現場における実践倫理なのである）。

ブータンの社会学者カルマ・ウラと対談した五木寛之（2007）は、彼から社会を「相互関係」として説明される。縁起という仏教用語に絡めて、自分の存在は自分だけであるのではなく、他のこととの関連のなかにあり、これは理論というよりも感じるものであるという。自分の幸せだけを追求しても本来的に意味がない。それを人間とニワトリの関係でカルマは例えている。

人間はニワトリを食べる。そのときほとんどの人は人間の側からしか見ていない。人間は、食欲を充たすため、自分の生命を維持するために、ニワトリの肉を食べる。しかし縁起という相互関係から見れば、ニワトリの側から人間の関係を見るという発想もでてくる。食べられるニワトリの立場を思うという観点からである。ニワトリの立場に立てば、ニワトリそのもの、あるいはそのニワトリを育てた人、売った人、ニワトリが食べた虫……と、どこまでもつづくつながりが感じとれる。実際の祈りの現場に遭遇した場合でも、まずはみんなの幸せを念ずる、家族、そして最後に自分の幸せという順番になっている。

この相互関係の社会から見れば、西欧由来の社会学のあり方は異なって見えてくる。サバルタンや社会的弱者の概念なども必要ない。というのも、ヘゲモニーを握るような権力構造から社会的、政治的、地理的あるいは制度的に漏れ出た人びとの存在を前提として社会的に埋もれてしまった存在から脱権力化させようと操作的に試みるわけだが、それは、ルサンチマンを保持する弱者として即座にみなされ反転される。しかし、相互関係論に立てば、そもそも上下関係は存在しないことになる。他者—自己関係が入れ子状態に死後を挟んで組み込まれているために容易に他者は自己のものになり、自己のものは他者に帰属する。

物質的な欲求は際限のない慾である。それに対してブータンでは、仏教の中庸、そこそこの満足が生活のなかに定着している。あるブータン人は私に「ハピネス（幸せ）については、本当はこの世にはない」とこっそり教えてくれた。何か目に見える形で捕まえて充足感を得られるものではない。欲をかいてもそれは来世には持っていけない。むしろ戒められ〝良い〟転生ができない。ちょうど茶こしのお茶のように、われわれが欲望的物質も金も中道（バルド）を通るときにひっかかって詰まる原因になってしまう。透き通ったお茶や水だけ（徳・魂のみ）がそこを抜け出ることができる。幸せは計ることができない。われわれに馴染みのある「無常」という言葉を使って、どれだけおいしいものを食べてもそれはいずれウンコとして排泄され、お金を貯めても来世に持ち越せないことを語る。幸せという欲をかいた途端に幸せはわれわれの掌からサハラ砂漠の砂のように零れ落ちることになる。何かの充実感などではない。

死後の世界が現世を規定している社会であって、この世の一生という生まれてから死ぬまでの短い幸せを追求しているわけではない。この世の行いは、必ずしもこの世で完結して結果がでるようなことはない。この世は輪廻転生の永続性のなかで単なる通過点ということになる。その意味で、生は偶有的なものではなく、本質的属性に置かれていることになる。

文化資本が蓄積されず、職業選択も家族のなかで閉じず、むしろ前世からの所業で決まる。そして現世の行いすなわちカルマ（業）資本が来世に持ち越される。死が通過点だとすれば、私たちの世界でのみ老後孤独死しないかどうかだけを心配していることはひょっとすると、タイムスパンの非常に短い使い捨てを想定した世界なのかもしれないことを気づかされる。

この死に規定された生を押さえないと、ブータン人からすれば冒頭の日本人基準でいう一代限りの個の幸せは逆に不幸なのかもしれないということになる。ずっとブータン人と真剣に話をしながら、日本では想像もしていなかったさまざまなことを考えさせられた。このように死について考えていることが功徳になると思うならば、それを幸せと読み替えることができるのではないだろうか。

5　海外にまで配信されたタクシーの幽霊現象

東日本大震災に関わっているうちに、死のあり方について実践の上で関心をむけざるをえなくなったこととブータンの事象とは自然に重なってくるようになった。

文化的な死の対処法は、日本の場合独特の先祖観のもと、祖霊の棲む場所に自分も加わることを祈念し、死者を彼岸の世界へ押しやるために、通常時とは異なる震災の際にはかならずしも有効には働いていなかった。つまり、死者が死者になることもできず、魂が彷徨っている現実が被災地を深く覆っている状態であった。

私どものプロジェクト（『呼び覚まされる霊性の震災学——3.11生と死のはざまで』）の一部において取り上げたタクシーの幽霊現象が新聞（朝日新聞朝刊宮城版二〇一六年一月二十日）に掲載された。それだけならよかったが、それがネット上に半分の記事のみ（http://www.asahi.com/articles/ASHDY737QHDYUNHB00B.html：登録すれば後半部分は無料で読むことができるがほとんどそうしなかった——幽霊に畏敬《いけい》の念を持ち、大切な体験として心にしまっていることが書かれてあった）伝わったことから三日間でFacebook上で記事のシェアが一万八七四七件、Twitter上でも捕捉できない夥しい数の反応があり、一部炎上する事態に陥った。さらに記事の一部はイギリス、フランス、ブラジル、ロシア、アメリカへと世界に配信された。

なかには、非科学的なもので科学の対象として取り上げること自体風上にも置けないというナーバスな拒絶反応もあったが、総じて八割くらいは好意的な反応で、リアリティをもって受けとめられた。調査地域の反応は、そんなのあるよねという普通の受け止め方であった。県外とくに東京や大阪でもその記事をみてありうるかもしれないと思ったというものであった。ただし、共感的な反応の中には、「成仏」してほしいということが多数書かれてあった。この多くの成仏という言葉に現場に立ってきた人間として違和感を覚えた。

宗教学の世界でもある宗教学者（佐々木宏幹 2012）は、東北地方の幽霊が安定化し、人びとを惑わすことがないようになるためにも、（1）不安定で迷っている死者たち、ねたみや恨みの感情を抱いている祟る死者、障る死者、成仏・往生できずに苦しんでいる死者から、（2）落ち着いて安定している死者たち、安らかな死者、成仏した死者、子孫を見守り援護する先祖、へと変化（ヘンゲ）することが求められ、その媒介を宗教が果たすべきであるとしている。

このことを実現するかのように僧侶がまだ夥しい瓦礫があって小雪が降りしきるなかでどこを向くともなく手を合わせながらお経を唱えている姿が写真に収められていたが、私にはそれもまた強烈な違和感として印象に残った。なぜならまだご遺族の多くが彼らの元にご遺体が帰ってこず行方不明で待たされるなかで鎮魂の祈りをささげられていたからである。今回、津波に攫われ行方不明者を多く出したことは、震災の大きな特徴のひとつである。彼岸とも此岸とも居場所の定まらない、括弧付きの「死者」なのである。

6 「曖昧な死」に向き合う

家族療法家として知られるポーリン・ボス（2005）が用いた「曖昧な喪失の死」は東日本大震災でも通用する。行方不明者の遺族にとって、死はご遺体があがらないままの、実感のわかない、明確な死とは異なる死である。ブータンのように転生することも叶わず、彼岸に行って死者にもなれないとはいかなる事態なのだろう。いわば「浮かばれない死者」に対処するためには、彼岸である死者の側を祀ることで此岸である生者の側への回帰が果たされるという既存のパラダイム（成仏システム）は、生者が死者との応答に心身を擦り減らして彼岸に引き込まれそうになったり、不祀りの魂が彼岸と此岸を行きつ戻りつしているような、曖昧な喪失においては破綻する傾向にある。ブータンのように体得的に死に対して免疫がないために、文化的装置を発動することは困難な状況にある。

なぜなら、突然人びとの生を中断させられ、こうしていれば亡くなっていなかったと懊悩する家族や親族の霊を慰めるには、通常の祀り（マツリ）では十分ではない。身近な死を確信できない遺族がいまだ浮かばれない死者と彼岸との「個別交渉」を繰り返し強いられ、無間地獄に陥るからである。

実践的レベルからこのことを考えると、当事者たちはそれでもなお工夫を凝らしながら死に対して対処をしている。とくに制度化されていないが民間で機能している、そんな社会文化装置がある。

震災後被災地沿岸で幽霊現象の見聞が跡を絶たず各地で報告された。そうした幽霊現象のなかでも、先の共同プロジェクト調査で取り上げたタクシードライバーが、きわめて特異な体験をしていた。ドライバーが霊を直接乗せて対話したりしている点である。

たとえば、深夜石巻駅で客を待っていると、初夏にもかかわらず真冬のコートを着た女性がタクシーに乗ってきて、行き先を告げるが、ドライバーがそこは更地だけどよろしいかと尋ねると、「私死んだんですか？」と震えた声で聞いてきた。ぎょっとしてドライバーが後部座席に目をやると、そこには誰も座っていなかったという事例や、タクシー回送中に手を挙げている人を発見してタクシーをとめると、マスクをした男性が乗車してきた。服装や声から青年といった年恰好だが、六月にもかかわらず真冬のダッフルコートに身を包んでいた。ドライバーが目的地を尋ねると、「彼女は元気だろうか？」と応えてきたので、知り合いだったかなと思い、

「どこかでお会いしたことありましたっけ?」と聞き返すと、「彼女は……」と言い、気づくと姿は無く、男性が座っていたところには、リボンが付いた小さな箱が置かれていた。ドライバーは未だにその箱を開けることなく、彼女へのプレゼントだと思われるそれを、常にタクシー内で保管している、などである。

ざわざわと鳥肌が立つようだ。もちろん賃走という形でメーターを切っているし、ドライバー日誌にも乗客の記録が書かれている。辻褄をあわせるために、ドライバー自身によってお金が補填されている。

ただし、興味深いことは、霊現象の特異性というよりも、むしろドライバーがどのように恐怖心を克服してこの霊現象を「温かい」形で受け入れたのかという点である。普通なら怖いのでどうか出てくれるな、南無阿弥陀仏の世界であろう。そうであれば成仏という言葉がふさわしい。しかし、体験当初は怯えていた彼らも、次第に霊を受け入れて、〝畏敬の念〟を持つようになる。世に未練があっても当然だと受け入れ、また同じような季節外れの現象があっても普通のお客さんと同じ扱いをすると述べている。そして、まだ無念の想いを持っていて、ともかく親しい人に会いたいので、直接行き先に行ってもらえるタクシーに乗ったのだったし、やり切れない気持ちを伝えるうえでも個室の空間であるタクシーを選んだのではなかったかと、ドライバー自身は解釈している。

石巻のタクシードライバーの幽霊現象は、直接的な親族の死ではないが、第三者の死を悼む受け手としての役割を担っている。死者からの無念の想いを受け止め、秘匿することで大切な体験として震災の意味を自身に問いかけることで安寧をもたらしているのである。

一見するとわかりやすい、死者を穢れや祟りから祓ったり祀ったり、供養するべき対象として捉えることもできるが、しかし、この事例はそれを明確に否定する。生者と死者のあいだに存在する「曖昧な死」は、必ずしもマイナスだけの祟ったりするような不安定な死ではない。もちろん、コミュニティのなかで不安定かつ両義的な生/死の中間領域を縮減することで安定に向かうことも震災の現場では確認できる。

しかし、石巻の幽霊話と異なるパターンを考えてみても、同様に不安定かつ両義的な生/死の中身を縮減せずに、それをむしろ豊富化し、曖昧なものを曖昧なままでよいという一時預かりを肯定的なものとして当事者が受け止めていることは、従来の宗教観からは説明がつかない事態であるだろう。

この曖昧な喪失の意味の豊饒化と「一時預かり」の論理は、この幽霊の事例に限らず、随所に確認される。私は、「痛み温存法」という記録筆記法を用いたが、これは、被災者が必ずしもカウンセリングに向かわなかった理由は、愛する人の記憶を抹消して自分だけが痛みを解消して楽になることを拒否していることがわかってきたからである。むしろ、痛みを一時的に記憶媒体に刻み付けて、これだけあなたのことを愛しているということを残しておく方法を遺族の人が見出していたのである。この遺族による愛する者への恐れと強い責任感から出発しないことには何らの解決へも向かわないことが理解できる。

これは何も独自のことではなく、普段私たちの日常でもこの一時預かりの手法は生活の知恵になっている。パソコンや携帯を持っている人ならば、今整理できないデータは、既存のフォルダーにいれるわけでもなく、ゴミ箱に入れるわけでもなく、デスクトップやその他のフォルダーに一時預けておいて、ある程度整理がつく段階で新しいフォルダーか既存のフォルダーに入れる時期が来る。このように時間を自分でコントロールできる自己決定の仕組みを私たちは持っているにもかかわらず、第三者的に死者を忘れてしまえというのは、当事者の人たちの側にしてみれば、この自己決定権を踏みにじる行為に映るだろう。

それに対して、災害被災者による区切りをつけるための一時預かり期間は、客観的時間軸で刻まれるのではなく、主観的時間によって区切られ整理されるべきもので、一年で済む人もいれば、五年かかる人もいるし、あるいは数十年たってもまだ整理のつけられない遺族もいる。今回の幽霊の報道で、私どものもとに一通のメールが届けられた。それは阪神淡路大震災の経験者で当時十五歳だったが、二十一年経って誰にも吐露できず周りの無理解もあって未だ震災に苦しんでいるという内容だった。すでに済んだ震災ではなく、当事者にとってはまだまだ進行形の震災なのである。

7　生ける死者

私たちは死についてどこか狭くそして浅くみてはいないか。この死者とふれる痛々しさについて否定的な評価というよりはむしろ、〝肯定的〟な評価をしているのが批評家の若松英輔である。『死者との対話』（2012b）や『魂にふれる——大震災と、生きている死者』（2012a）のなかで若松は、死者をめぐる悲しみは、生者の感情の起伏ではなく、死者が生者の魂にふれる合図だという。そのうえで、悲しみを、惨めで慰めもなく、救いのないものにしていることは現代の大きな誤りだと説く。悲しみは、それだけ自分の人生に大きなものがもたらされていたことの証であり、死者は目には見えないが、見えないことが悲しみを媒介にして、実在をよりいっそう強く私たちに感じさせる、という。つまり痛みはそれだけ愛している証として考えるならば、痛みをも受け入れる態度に転換されるという考えに至る。

そして、彼は「協同する不可視な『隣人』」という魅力的な言葉を使いながら、死者と共にあるということは、思い出を忘れないように毎日を過ごすことではなく、むしろ、その人物と共に今を生きるということではないだろうかと提起する。

さらに、若松は、死者と生者の関係に転向を促す。生きている人からではなく、まず死者からの無私の手助けがあり、働きかけはいつも、彼方から先に注がれるが、生者はしばしばそれに気づかないという。東日本大震災において日ごろ忘却と鈍感が蔓延るこの社会で気づかないような霊性が呼び覚まされているといえるだろう。

死者が、「呼びかける」対象である以上に、「呼びかけ」を行なう主体であるとき、私たちは、感受性を研ぎ澄まし霊性である生ける死者からの声にどれだけ耳を傾けているだろうか。私たちの想像力がむしろ問われているといえるかもしれない。生者と死者の中間領域に存在する不安定かつ両義的な生／死の中身をあえて縮減せず（制度的に転生や彼岸化させず）に、意味を豊富化させ肯定的に転調させることで対処する方法は、われわれの従来頼ってきた死生観を根底から揺さぶっているのかもしれない。

【文献】


五木寛之、二〇〇七、『二十一世紀 仏教への旅 ブータン編』講談社。

E・キューブラー・ロス、二〇〇一、『死ぬ瞬間――死とその過程について』中公文庫。

金菱清、二〇一六、『震災学入門――死生観からの社会構想』ちくま新書。

金菱清編、二〇一六、『呼び覚まされる霊性の震災学――3.11生と死のはざまで』新曜社。

宮脇檀・猪野忍編、二〇一二、『世界で一番幸福な国ブータン 旅・人・建築――自然と生きる「風の民」の暮らしと祈り』エクスナレッジ。

ポーリン・ボス、二〇〇五、『「さよなら」のない別れ 別れのない「さようなら」――あいまいな喪失』学文社。

佐々木宏幹、二〇一二、「東日本大震災は何を変容させたのか」『生活仏教の民俗誌――誰が死者を鎮め、生者を安心させるのか』春秋社、二〇四―二四七。

内田樹、二〇〇四、『死と身体――コミュニケーションの磁場』医学書院。

若松英輔、二〇一二a、『死者との対話』トランスビュー。

若松英輔、二〇一二b、『魂にふれる――大震災と、生きている死者』トランスビュー。

くまじろーのシネマ社会学①

「ふりかえるべき」戦争と「かつてあった」戦争

好井裕明（日本大学）

　戦後七十年の昨年、戦争の意味を問い直す様々な著作が出され、雑誌特集が組まれ、テレビドキュメンタリーが放送され、優れた娯楽としての映画やドラマが制作された。アジア・太平洋戦争をどのように私たちが想起し反省し、そこから何を得るのかは私たちが今後を生きていくうえで意味ある課題であることは確かだろう。唯一の「解」などなく、常に「解」を問うていく過程にこそ、戦争体験を考える意味が生きているのではないだろうか。戦後から一貫して「被爆の記憶」の形骸化に警鐘を鳴らし続け、被爆体験の語りなどが「いま、ここ」そして「これから」にいかなる意味をもたらすのかを考え続けてきているヒロシマ・ナガサキの問題などは、まさに「問い続けること」の意義が息づいているように思えるのだ。

　ただ、戦争があった時代から時間が確実に流れ去っていっていることもまた事実だ。一九五六年生まれの私は父親から南洋での戦場体験や復員船で日本に戻ったことなどを聞き、母親からは大阪大空襲の時、たまたま市外にいて真っ赤になった大阪の空を見たことなど実際に聞けた。いわば戦争体験を肉親などから直接聞けた世代とそうではない世代とでは、やはり戦争の想起や反省の仕方、さらにはそもそも戦争というできごとをいかに了解すればいいのか、その仕方などにさまざまな違いが出てくるのではないだろうか。もちろん、こうした違いは自然なものであり、仕方のない事実だろう。ただ世代的な違いは仕方がないこととしても、戦争を考えるうえで「変えてはならない見方」があるように思う。それは特別なものではなく、平和運動の中で、そして被爆者の語りの中で何度も確認されている「戦争は絶対にしてはいけない」というメッセージに象徴される見方だ。そしてこのメッセージは、道徳や倫理という言説の次元だけでなく、私たちの日常的で常識的な「戦争を了解する仕方」にもしっかりと浸透し響きあうように伝えられるべきだろう。なぜ「してはいけない」のだろうか。私たちがそのことを了解するためには、戦争がもつ本質的な差別性、悲惨さ、不条理さ、愚劣さ、そして戦争責任を問うまなざしをめぐる「生きられた知」や「心を揺さぶる情緒」が常に私たちの常識に脅威を与え、緩んだ見方に活入れし〝戦争を考える意味〟や〝戦争を考える驚き〟を与え続ける必要があるだろう。ただ別に「戦争についてそんないい加減な見方ではだめだ」と常に反省を与える必要はない。そうではなく優れた映画やドキュメンタリーやテレビドラマのように、私たちに感動を与えるなかで、戦争がもつ差別性や悲惨さ、不条理さ、愚劣さ、そして戦争責任を問うまなざしが私たちの腑に落ちていけばいい。こうした日常的な生活場面における緩やかな娯楽のなかで「戦争を反芻し反省すること」が重要な意味をもつと私は考えている。そう考えながら、ここ数年で公開された戦争をめぐる映画を見直し、ある意味での〝危うさ〟を感じざるを得ない。この〝危うさ〟について、少し述べておきたい。

『永遠の0（ゼロ）』（山崎貴監督、二〇一三年）。公開当時かなりヒットした映画だ。原作者は様々な差別発言で問題になったが、それはさておき、この作品は多くの私たちに大きな影響を与えたことは確かだろう。抜群の操縦技術をもつゼロ戦乗りの主人公。彼は周囲から臆病者と謗られようと妻と娘のために生きて還ることを最優先する。しかし戦局が悪化し若い命が特攻として無残に散っていく現実を目の前にし彼の心は乱れる。そして彼は特攻に志願し命をおとす。映画ではなぜ主人公が特攻に志願したのかをめぐり物語が展開する。妻や娘への「愛」のために生きて還ると決めていた主人公が若い兵隊にその「愛」を託し、より大きな何かのために特攻していく。若いカップルや子ども連れの家族の楽しげな様子を歩道橋の上から眺めながら「特攻を志願した祖父」が生きようとした「愛」に想いをはせる孫。その上空を主人公はゼロ戦に乗り、孫に敬礼をしながら飛び去って行くラスト近くのシーンは象徴的だ。親しき者への「愛」と「国」への想いが交錯する。戦争中、男はこんな形でしか親しき者への「愛」は貫徹できなかったのだ。この「愛」の形に映画を見る私たちは、ある感動を覚えるのだろう。ただ私は、映画を見ていてとても気持ち悪かった。映画のシーンの端々には特攻という戦術を批判するような、戦争を批判する言葉もあるが、全体として、なぜ日本は戦争をしてしまったのかをめぐる「反省」は一切感じられないからだ。「戦争をしていること」は物語の大前提であり、いやむしろ「戦争を遂行している国」としての日本を想うことが自明の前提となっているからだ。このことはラストシーンが象徴している。特攻し優れた技術でゼロ戦を操縦し見事に敵艦に突っ込もうとする主人公の表情のアップのラスト。心が乱れ焦燥となっていたはずの彼の表情は一変し、不敵な微笑みを浮かべていたのだ。特攻を聖化し正当化する典型的なラストと言えないだろうか。

『爆心　長崎の空』（日向寺太郎監督、二〇一三年）。まったく異なる内容の作品だ。母の突然の死を受け入れられず悩む女性と幼い娘を失いその死をいまだ受け入れられない女性が、それぞれ被爆地長崎で暮している。そこには平凡な日常があるが、彼女らの悲しみは容易には癒せない。そうした二人が出あい、想いをかわし、新たな生き方へ繋げていく。親しき者の突然の喪失と深い悲しみ。そこを乗り越えていく人間の生の柔らかい強さ。そんなことを印象づける物語なのだが、被爆の語られ方に私は違和感を覚えた。娘を失った女性の両親は長崎原爆の被害者だ。彼らは被爆体験を語ろうとはせず、記者である娘の夫からの体験を聞きたいという頼みも断り続けている。自分の子が死んだのは私が被爆二世だからで、お父さんお母さんが被爆者やからや、と叫ぶ娘に両親は、自らの被爆体験を語りだし、親子のやりとりのなかで、娘は自分の子の喪失にまっすぐ向きあい、未来に向けて生きる意味を考え直していけるようになる。両親の被爆体験語りは、物語の中でとても重要な部分をしめている。ところが長崎に原爆が落とされたという事実が「災厄」「神からの思し召し」として淡々と示されているだけなのだ。なぜ自分たちがこのような凄惨な体験をしなければならなかったのか。そのことへの怒りや恨みがまったく語られることなく、被爆は「受容すべき苦難」として描かれている。長崎の被爆は「かつてあった」事実であり、なぜそのような不条理が起こったのか、その不条理を引き起こした戦争とは何であったのかなどを問い直そうとするまなざしは、この作品からはうかがえないのだ。

ⓒ爆心　長崎の空　All Rights Researved.

『この空の花　長岡花火物語』（大林宣彦監督、二〇一二年）。連合艦隊司令長官だった山本五十六が生まれ育った長岡。原子爆弾の模擬爆弾が投下された都市長岡。空襲があり大きな被害が出た長岡。その慰霊のために毎年開催される長岡花火の伝統（ポスター参照）。地元新聞が「まだ戦争には間にあう」と題した空襲体験、戦争体験の語りの特集を組んだ。大林はこうした長岡をめぐる事実と

ⓒ「長岡映画」製作委員会

体験者の語りを交錯させ、見事なファンタジーをつくりあげる。作品では、戦争を語る言葉がその場で登場人物のせりふや映像を通して簡潔かつ印象深く説明される。よく見かける反戦啓発作品であれば一気に説教臭くなるところだろう。しかし大林は、軽快なテンポと見事な映像で「説教」を回避していくのだ。長岡空襲を再現しようとする劇を高校生たちが作ろうとする。焼夷弾が降り注ぎ、家屋が焼け落ちていく。防空壕はシェルターなんかではなく、そこに逃げた人びとの地獄が大林の映像マジックで見事に描き出されていく。それは架空のできごとや想像ではない、先の特集で語られた体験が語る事実としっかりと繋がっているのだ。だからこそ映像の見事さに感銘を受けながら、事実の重みが見る側に確実に伝わってくる。「まだ戦争には間にあう」という驚きの特集タイトル。戦争することに間にあうのではない。戦争とは何であり、戦争という不条理とは何かを考え、戦争してはならないということを私たちがどのように自らの腑に落とせるのか。私たちは、まだ空襲体験や戦争体験の語りを通して、そのことを考えることができる。だからこそまだ「間にあう」のではないだろうか。大人である私たちが、次の世代である子どもたちに残せるメッセージとして大林は、この作品を位置づけている。「かつてあった」事実としてのみ戦争を考えるのではない。常に戦争がもつ差別性や悲惨さ、不条理さ、愚劣さ、そして戦争責任を問うまなざしなどを「ふりかえるべき」事実として戦争を問いなおしていく姿勢が、この作品には貫かれているのだ。

他にも**『日本のいちばん長い日』**（原田眞人監督、二〇一五年）、**『聯合艦隊司令長官　山本五十六』**（成島出監督、二〇一一年）**『野火』**（塚本晋也監督、二〇一五年など）読み解くべき優れた映画がある。こうした作品の多くはリメイクだが、リメイクされた元の作品との比較した形での解読も面白いものだ。また現代の作品を見ながら、かつての戦争娯楽映画の検討がしたくなった。たとえば**『独立愚連隊』**（一九五九年）、**『独立愚連隊西へ』**（一九六〇年）、**『日本のいちばん長い日』**（一九六七年）、**『肉弾』**（一九六八年）、**『激動の昭和史　沖縄決戦』**（一九七一年）など、岡本喜八監督の一連の作品など思い出す。岡本作品には、戦争の愚劣さを嗤う特有なセンスが満ちている。東映や松竹、日活、大映など他映画会社でも一九六〇～七〇年代、数多くの戦争娯楽映画が制作されていた。こうした娯楽作品の中で、戦争という事実がどのように「ふりかえられて」いたのか。今後少しずつ読み解いていきたい。

『アーティスト』
——映画と音楽の蜜月はトーキー映画によって始まったのか

小川博司（関西大学）

音楽映画の始まり

今日でこそ映画は視聴覚メディアである。しかし、映画は一九二〇年代半ばまでは視覚のみのメディアだった。トーキー映画が誕生して映画音楽というジャンルさえ生まれるようになり、映画と音楽の関係は切っても切れないものになった。今日では、音楽映画とでも呼べるような、音楽をテーマにした映画も多数作られている。「音楽する映画」では、音楽映画を素材に、音楽、メディア、社会を考えていきたい。

初回にとりあげる『アーティスト』(原題 The Artist)は、音楽映画の始まりについて考える格好の素材である。

アーティストの没落

『アーティスト』(二〇〇一年)は、一九二七年から三二年にかけてのアメリカ合衆国を舞台に、サイレント映画からトーキー映画への時代の変わり目を、サイレント映画のフリをしたスタンダードサイズのモノクロのトーキー映画という形式で、ラブ・ストーリーとして描く作品である。監督はフランス人、ミッシェル・アザナヴィシウスで、二〇一一年、カンヌ国際映画祭男優賞受賞に加え、アカデミー賞でも作品賞を始め五つの賞を受賞した。

サイレント映画時代のスターである主人公バレンティンは、トーキー映画の技術が実用化されても、だれも自分が話すのなんか聞きたくないだろうと、トーキー映画に出演するのを拒絶する。声を出さずに演技することができるのが、真の芸術家なのだという誇りをもっているのである。

時代の流れに抗する頑固なアーティストは没落していくことになる。トーキー映画なんか出ない、会社がトーキー路線を進めるのなら、自分でサイレント映画を撮ると見得を切って会社を後にしたヒーローと新しいトーキー映画のヒロインが階段の踊り場で出会うシーンがある。去りゆくヒーローは階段を降りて来る。新しいヒロインは階段を上がって来る。ここで二人はしばし会話をするが、彼女は階段二段ほど高い位置にいて彼を見下ろすように話す。古い時代と新しい世界の交替が象徴的に表現されているシーンである。

メディアとライブが融合する場としての映画館

　この映画がメディアという視点から見ておもしろいのは、サイレント映画の時代の物語をサイレント映画の形式で描いたところにある。映像の中で登場人物たちが会話をしている。そのカットの後でポイントとなる発言の内容を表す文字だけのカットが挟み込まれる。しかし、この映画では、サイレント映画の形をとってはいるが、音楽は鳴っている。劇場で生演奏されているかのように。

　映画冒頭で、主人公が主演している『怪傑ゾロ』風映画の試写会の模様が映し出される。オーケストラボックスに入ったオーケストラが映像に合わせて生演奏している。サイレント映画時代には、こんな形で映画が上演されていたのです。だから、サイレント映画として観てくださいとでも言うように。試写が終わり、観客は万雷の拍手を送る。しかし、その音は出ない。あくまでもサイレント映画という形なのだから。

　サイレント映画は、視覚のみのメディアであったが、劇場で音楽付きで上映されることが多く、観客は実際には映画を劇場で視聴覚体験として体験したのである。日本では活動弁士による解説が入るのが常だった。映画が上映される劇場は、複製されたメディアである映画とライブ演奏（あるいは活弁）とが融合する場だったのである。

トーキー映画ならではのメタ・サイレント映画

　映画の中でハッとさせられるシーンがある。主人公がグラスを置く音が突然聞こえ出すのである。主人公が椅子を倒す音、犬の鳴き声、電話の呼び鈴の音、スタジオから出て来た女優たちの笑い声などが聞こえる。主人公は声を出そうとするが、声は出ない。

　実はこのシーンは主人公がトーキー映画の試作品を観た後に、眠っている間に見た夢なのである。トーキー映画の時代になって、自分はどうなるのか。誰もサイレント映画のスターが話す声など聞きたくないのではないか。そんな不安が反映された夢なのである。主人公が眠りから覚めると、映画は再びサイレント映画の世界に戻っていく。

　映画の最後の場面では、映画はサイレント映画のフリをすることを止める。そのことにより、ラブ・ストーリーの成就とともに、トーキー映画の時代の到来を高らかに宣言するのである。実際には、最初のトーキー映画は『ジャズ・シンガー』（一九二七年）とされる。映画と音楽との蜜月の始まりに相応しい素材である。しかし、映画と音楽の蜜月は、サイレント映画以前から始まっていたのである。

論文投稿と査読のホントのところ①

加点法と減点法の齟齬問題の周辺

査読ア太郎（さどく　あたろう）

1　本連載の特徴――三つの方針：リアリティ重視・相互行為に着目・社会学志向

この連載では、時代性をふまえ、かつ、本誌の使命に対応した「論文投稿学」を展開していきたい[1]。

具体的には、以下の三つの方針にしたがって、社会学を行うことの豊かさに導かれるスタイルの「若手社会学者支援」の形を模索していきたい。

まず、第一の方針は、連載タイトルにあるとおり「実際の論文投稿の状況と査読の状況にフィットした論文投稿学とする」という方針である。すなわち、「制度設計」や「制度理念」に拘泥せず、実際に「投稿」としてなされていることや実際に「査読」としてなされていることに照準していきたい。

ついで、第二の方針は、「論文投稿と査読をひとつのフィールドとみなし、そこにおいて投稿者と査読者と編集委員（会）とが、三つどもえの相互行為をしている〝複数アクター参与モデル〟をベースにして考える」という方針である。具体的には「投稿者は、名宛て人である投稿者向けではなく、オーバーヒアラーである同僚査読者Bを意識した、査読者Aによる評語が返ってきている可能性に留意せよ」というような議論を多数提供していきたい。

さいごに、第三の方針は、「参与者が、経済合理的ではなく、社会学的に価値合理的に行為する可能性に留意し、自らも社会学的な分析を志向した論文投稿学とする」という方針である。たとえば、査読者像としては、単に査読システム内的義務を遂行することだけを志向した査読者ではなく、研究者ギルドとしての学会（学界）のメンバーとして、いかに査読という活動をも社会学の発展に利用できるかという、査読にともなう社会問題の検討それ自身を、自らの社会学と社会学界の発展につなげようという関心をもつ査読者を想定しながら書いていきたい。

更にいえば、編集委員の目からみれば、「投稿論文の改訂」には役立たなそうな「壮大な改訂案」を、かなりの手間暇を掛けて、査読コメントとして書いてくる「査読者」がときどき存在するが、そのような「査読者」の価値合理性を把握できるような形で分析と議論をしていきたい。すなわち、そのような「査読者」が身を挺して表現している研究者像、すなわち、「研究上の関心を焚きつけられたテーマに関しては、はた迷惑なほど、むやみに詳しく調べてしまう研究者的人間像」を、むげには否定できないからだ。

　言い方を変えよう。つまりは、「研究支援プロセス」の「細分化」と「制度化」と「標準化」と「効率化」の観点からは、「例外的」で「逸脱的」な事例についても、その「思わざる効果」や「潜在機能」を社会学的に考える方向で、「投稿」および「査読」というものを位置付け、考えていきたいと思っているのである。

2　投稿と査読の複数アクター参与モデルというアイディア

　上記の三方針のうち、二番目の「複数アクター参与モデル」をベースにして考えるという部分については、想定される「モデル」に幅があることが予想され、その幅の広さに基づく理解の困難性も予想されるので、少し詳しい説明が必要であろう。したがって、方針提示に続く本節では、本連載が採用している「投稿と査読の複数アクター参与モデル」の表示と説明を行うことにしたい。

　方針2に記したように、投稿と査読のフィールドは、投稿者と査読者、査読者と編集委員会、編集委員会と投稿者、の三種類の相互行為を包含したフィールドである。ここから、（連載の一回目と二回目に分けて掲載するが、）表1「投稿と査読の複数アクター参与モデル①——査読者から見た場合」、表2「投稿と査読の複数アクター参与モデル②——投稿者から見た場合」、および、表3「投稿と査読の複数アクター参与モデル③——編集委員会から見た場合」の三つの表で考えることにしたい。本稿では、連載の一回目として、表1のみを先行的に呈示し、その利用価値を「加点法的査読と減点法的査読の齟齬」という問題にからめて解説することにしよう。

3　考察に入る前に

　表1に基づいた議論を始めるまえに、この節での議論の前提を二点確認しておこう。第一点目は、その議論の実証性に関してであり、第二点目は、査読システムの多様性との関連性に関してである。まず、第一点目の「議論の実証性」に関してから述べよう。

　連載子は、投稿と査読に関して、実証的な研究をする必要性を認めるものであるが、投稿・編集プロセスにおいては、どの段階にも非公開に留め置くことが適当かもしれない対象が存在しており、具体的な内容を共有する形での実証的な研究はなかなかに困難である。

　したがって、本連載では、原則として実証的な資料提示は行わない。とはいえ、同人誌の連載記事として成立する最低限の「経験的事実との対応性」は確保したい、と考えている。

ついで、第二点目の「査読システムの多様性との関連性」についてのべよう。

日本の社会学関連論文に関する学術雑誌は多く、それぞれの雑誌が採用している査読システムは多様である。たとえば、『社会学評論』のように、編集委員会メンバーと査読者が、ほぼ完全に分離されているシステムもあれば、『ソシオロジ』のように、編集委員会と担当査読者が（全体集合と部分集合の違いはあるが）一〇〇％重なっているシステムもある。もちろん、その中間的なシステムとして、『〇〇論集』のように、編集委員会外の査読者と編集委員会メンバーである査読者が一人ずつ入って、二人の担当査読者集団として査読を行うシステムもある。

表1　投稿と査読の複数アクター参与モデル①
――査読者から見た場合

査読者A　―対　投稿者
①掲載の可否判断の適切性の提示
②改訂方針の提示（惜しみなく支援する相互扶助文化的態度※3）
　→見立て、原則提示、個別指摘等
③改訂方針の適切性の提示

―対　同僚査読者（B or/& C）
①掲載の可否判断の適切性の提示
②（2回目以降）同僚査読者のコメントに対し
　→間接的反論、間接的妥協、間接的受け入れ
③（2回目以降）同僚査読者のコメントに対し
　→ネゴシエーション的諸対応（提案ほか）

―対　編集委員会（or 担当編集委員）
①掲載の可否判断の適切性の提示（※1）
②許容されそうな遅延理由の提示
③雑誌の性格や学会の方針に関する間接的主張
④利益専有疑念を払拭するレベルの支援プランの提示（※2）

また、査読者の人称性に関しても多様性があり、複数査読者が違った見解を述べていたとしても、それを調整せず投稿者に返す査読システムもあれば、ぎゃくに、複数査読にもかかわらず、総合的な査読コメントを作成し、架空の統合的人格による査読コメントのみが投稿者に戻されるシステムもある。

これらを、別々に論じるのは煩瑣だ。したがって、各読者が関わる投稿・査読システムに関しての理解が促進されるよう、必要に応じて示す、一部例示方式で進めることにしたい。すなわち、『ソシオロジ』のような片側的ブラインドシステムの場合には、編集委員会側には、投稿者の個人的背景までわかる場合があるので、教育的コメントを付けやすい場合がある、というような言及の仕方で扱うことにしよう。

4　減点法と加点法の齟齬問題：原理的考察と査読時トラブルの解釈

表1の中身の各項目は、いつでも有意味というわけではない。いろいろな予想において、その一部分が有意味になるだけである。したがって、本節では、投稿時の最重要局面である「一回目の査読結果への対応」場面に集中して、表1の各項目をベースに考えるとどのような展望が得られるかに集中して、この表の価値

を訴えて行きたい。

「一回目の査読結果への対応」は決定的に重要である。齋藤圭介（2012）が明らかにしたように、『社会学評論』では、投稿論文のほぼ半分は「一回目の査読結果」で「D判定」[2]となり、審査プロセスを終了することになるが、「一回目の査読結果」が、「A判定」や「B判定」となることはほとんどなく、D判定にならなかった投稿論文の残りのほとんどは「C判定」である。つまりは、最終的に掲載に至る論文（四分の一から三分の一程度）についていえば、そのほとんどが最初の査読結果がC判定である、ということなのである。ということは、「C判定」からどのように判定を上げていくか、が掲載に至る戦略の重要ポイントだということになる。

ところで、査読プロセスにおける論文評価の基本的な方針には二種類の対立的な方針がありうる。「減点法」と「加点法」である。すなわち、査読プロセスにおいて諸チェックポイント[3]がすべてクリアされていることを掲載の条件とするような場合（「減点法」：減点ゼロが目標）と、諸チェックポイントにおける評価の総和が十分に大きいことが掲載の条件であるような場合（「加点法」：総得点の大きさが目標）があるのである。もちろん、この二つの原則の組み合わせの場合もあるのだが、いずれにしろ、掲載原理が、「減点法」なのか、「加点法」なのか、によるトラブルは、査読において、頻発しているように見える。

もっともよくあるトラブルは、「再査読で新規の修正ポイントを指示された」という投稿者側からの不満である。類型的にいって、これは、投稿者が「減点法」的理解をしていたのに、査読者が「加点法」的理解をしている場合に生じやすいトラブルである。「一回目査読」で指摘された項目の全てに対応したのに、「二回目査読」で新規の修正ポイントを指摘されたのでは、いったいいつになったら掲載される原稿になるのか見通しがつかない、という投稿者側の嘆きは、もっともな嘆きである。しかし、査読者側としては、総合点が水準からみて不足しているので、審査を継続しようとした場合には、そのようにコメントすることになってしまうのである。

5　減点法と加点法の齟齬問題に対する表1からの考察

じつは、上記の齟齬には、表1をもとにして考えるとわかる「構造的背景」が存在しているように思われる。連載子がみるに、一般的に、雑誌の投稿と査読においては、投稿者は減点法的理解に傾きやすい性向があると思われる。つまり、投稿者は、掲載に至ることを目標として投稿している。この前提を元にして考えると、もし、一回目の査読コメントにおいて、自らの論文の至らないところに関する査読者からの指摘があれば、当然にその指摘された欠点がなくなるよう努力するとともに、その努力の結果が、掲載に結びつくであろうことを期待するだろう。すなわち、減点法的にふるまう基本的性向が、投稿者には存在することになる。

これに対し、以下では、査読者側の基本的性向を検討してみよう。

査読者が最初に行う作業が、投稿論文を通読した上での総合評価であるとするのなら（しばしばそのように言われている）、その作業においては、当該論文が掲載に値する論文であるか否かを、究極のところ、加点法的に、論文のオリジナリティや、論文内在的な意義の大きさについての判断として行っていることだろう。そういう意味では、加点法的にふるまう基本的性向が、査読者には存在していることになる。

にもかかわらず、「一回目の査読」においては、修正ポイントの羅列がしばしばなされるのである。つまり「減点法的査読コメント」が記されてしまうのである。

その理由の半分ぐらいは、システム的強制の結果であるといえよう。ほとんどすべての社会学系査読誌において、査読者の回答用紙のフォーマットは、「チェックポイント別の評価」を義務付ける形式になっているからだ。しかし、残りの半分は、以下の三つの事情があってのことのように思われる。

まず、第一の事情は、表1に※1でマークしておいたように、査読者が編集委員会向けに、自らの判断の適切性を表示する必要があることに由来する。つまり、「C判定」を説明するのに、「加点法」的記述ではなく、「減点法」的記述をする方が説明が容易だからである。

第二の事情は、表1に※2でマークしておいたように、査読者が編集委員会向けに、自らが得た知的刺激を占有的に利用するつもりがないことを表示する性向があることに由来する。すなわち、投稿論文を読むことによって得られた知的成果[4]について、その「占有を疑われないレベルで利益還元的姿勢を取っていることの提示」が必要なのであって、けれども、積極的な利益還元的姿勢は、立場の押しつけとも捉えられかねず、そのようにならないようにするためには、コメントの採否についての判断は、投稿者にゆだねる形にせざるを得ない。すなわち、「加点法」的記述は、参考意見として書かれざるを得ず、結局「減点法」的に書かれた必須修正意見の方が目立ってしまう、ということが起きているのではないだろうか。このことは、表1の※3にも関連する。研究者コミュニティの相互扶助・相互刺激文化のなかにくるみ込むことが、利益占有疑惑を払拭することになるのだ。

この節の後半での主張については、かなり難しいので、より詳しい説明を、次節で行っていくことにしたい。

6　過剰な教育的助言の背景としての研究者文化とその変容についての考察

3節の前半で述べたように、投稿・査読過程を実証的に論ずるのは難しい。しかし、使える「経験的事実」がないわけではない。たとえば、筑波大学・東京工業大学・中央大学の各大学を渡り歩いた今野浩が書いているような、公開されている「裏事情的知識」は活用可能であろう。たとえば、今野は、「ベテラン教授」が、学問的に「有利」である理由として、「ジャーナルの編集委員やレフェリーをつとめて、最新情報を手に入れる」（今野 2013: 76）ことができるからである、と書いている。一面の真理を射ているといえよう。さらに「レフェリーが著者に対して（ほとんど無関係な）自分の論文を、引用文献リストに加えるよう要求する」（今野 2013: 22）こともある、とも書いている。ここに書かれていることは、それが倫理的に問題がある行為であるかどうかは別にして、少なくとも、論文投稿と査読のフィールドが、相互行為的フィールドであるということ、しかも、互助的文化が発露している予定調和的なフィールドであるというよりは、研究者の個人的業績の競争に関わるネゴシエーションと闘争のフィールドとなっていることを表しているだろう。

もう少し穏当な例を、挙げることもできる。たとえば、自治医科大の半澤節子は、日本語論文の査読ではそんなことはないが、と断りつつ、（英語雑誌の査読委員として閲読をした論文内の）「引用文献に刺激を受けたときには、その文献をダウンロードして読むことも多い。こうしたことは査読者自身の研究者としての発展にとって大いにプラスになる」（半澤 2015: 681）と述べている。これらの「事実」からどのような推論が可能だろうか。表1はじつは、その推論の成果なのだが、少しなぞりながら、述べて行きたい。

まず考えなければならないのは、多くの場合無償でなされる査読において、査読者がどのような動機付けを持って大量の労力を要する査読を行っているのか、という点である。たてまえ的に「研究者ギルドへの忠誠の証として」というだけでない部分に言及しようとすると、上述の諸証言を活用していかざるをえないだろう。つまり、「査読者自身…中略…にとって大いにプラスになる」（半澤 2015: 681）という利益と見合いで労力負担が乗り越えられているとも思われるのである。けれども、ここに気をつけなければならない問題が生じることになる。

敏感な読者はお気づきだろうが、査読が、査読者の知的活動の一部になってしまう場合、投稿から掲載までの期間があまりに長い場合には、あるいは、投稿がリジェクトされてしまった場合には、査読者が刺激を受けた結果として出してしまう成果の方が、元の査読論文が公表されるよりも前になってしまうというような微妙な問題が、生じる。

痛くない腹を探られたくはない、と多くの査読者は思う、と思う。自分の業績につながる発想は、刺激をもとにしていたとしても、自立して自分自身で育んだものなのであって、横取りしたものではない、そう主張したくなる査読者はかなりの比率になるのではないだろうか。とすると、そういう査読者は、表1の※3のような対応を、投稿者に対して積極的にとることになるのではないだろうか。すなわち、出し惜しみの雰囲気なしに、助言を大量に与えて、できれば、なんとか、査読をパスして投稿者には論文掲載にまで進んでもらいたい、という相互扶助文化的態度をとるようになるのではないだろうか。また、そのような投稿者への対応は、※2のように、編集委員会向けには、利益占有疑念を払拭する態度であることにもなるだろう。

もちろん、実際に、「流用疑惑・占有疑惑」を避けることが意識にあがっている場合は少ないだろう。けれども、振る舞いのバランスとして、自分が利益を受けた対象（投稿者）に、受けた利益以上の支援を返すことで、社会的に妥当な振る舞いをしている、という実感を得ようとしている、そういう分析が可能な査読者なら、かなりの比率でいるのではないだろうか。研究者コミュニティというものの成り立ちとして、「情けは他人のためならず」的な、相互扶助・相互刺激的な習慣がもともとある可能性は十分にある。つまり、そういう「惜しみなく与える研究者」は、研究者文化的には標準的な研究者である可能性があるのだ。けれども、その古典的な文化的振る舞いが、個人の業績を次第に厳密に評価するようになってきた現代においても従来どおりに維持可能かどうかは、別の問題である。そういう、個別評価的な傾向が強まった社会にふさわしい形で、学会の慣習や制度を変えていかなければならないかも知れないのである。具体的には、ダブルブラインド制の査読体制において、上述の「相互扶助・相互刺激」文化がどのような適応をしていくべきか、は未解決の問題である可能性があるのである。つまりは、社会学として論文投稿学を考えて行くべき内容がここにあるのである。

7 まとめ

本稿では、連載「論文投稿と査読のホントのところ」の第一回として、この連載の目指すところの特徴を三点（リアリティ重視・相互行為に着目・社会学志向）に分けて確認し、その後、表1を活用しながら、二つの主張を行った。

第一の主張は、「減点法」と「加点法」の齟齬が査読プロセスではおきやすい、という主張であった。この主張の含意を、投稿者への助言の形で書くならば、「拙速に減点法を前提とした改訂をするな」ということになろう。社会学は社会についての総合的学問なので、たとえ、「教育社会学」や「環境社会学」のような連字符社会学の世界が自立的傾向を強めていたとしても、他の学問領域ほどには、領域的細分化は進んでいない。とするのならば、つねに総合学としての構えの大きさを意識するべきである。つまりは「加点法」的魅力の増進に意を払うべきである。そういう助言につながり得るような形で、査読における齟齬のメカニズム的解明を行った。

同じ内容の別バージョン表現になるが、この第一の主張の含意を、査読者への助言の形で書くならば、「投稿者を困惑させないように、つねに論文全体の魅力向上こそが大事であることが、査読文全体から分かるように評言は書くべきだ」ということになろう。編集委員会向けとしては、現在のチェックリストの作り方が、「社会学」論文のチェックリストとして適切かどうか、「減点法」を強く含意してしまっていないか、再点検が必要だ、ということになろう。

第二の主張では、前半では、教育的助言が、査読においてなされるのには、相互扶助的な研究者文化的背景が想定されるが、その文化的態度のナイーブな実践には、業績の個人別評価の厳密化の流れの中で、流用疑惑を招きかねないリスキーな側面があることを主張した。後半では、そのリスキーな側面への対応として、新しい投稿・査読文化の創成が必要となるかも知れないこと、を指摘した。

この第二の主張の含意を、投稿者への助言の形で書くのならば、（本文ではそこまで展開できなかったが）「〝アイディアの先行性〟の証拠をどうしても残しておきたいのなら、学会発表や要旨集への記載の形で、とにかく公的空間に記録を残すようにしておくこと」、「アイディアの流用と見える事態に遭遇した場合でも、先方が相互扶助・相互刺激型の研究者文化理解をしている可能性があるので、何が起きているかの現象理解を一致させることにそもそも困難が生じるかもしれないこと」、この後者の事態が起きる背景となっている「研究者相互扶助モデル」にくみしたくない場合には、「自ら新規の研究会を組織することも選択肢に入れること」となろう。自分でクローズドな研究会を組織すれば、顔も知らない他者にアイディアを流用されることはなくなるはずだ。また、この第二の主張を査読者への助言の形にするのならば、「査読プロセス中の知的刺激が自分の研究の発展につながった場合には、のちのちトラブルになるリスクがあることに留意しておくこと」ということになるだろう。編集委員会および社会学者向けに特化した書き方をするのなら「論文投稿と査読のプロセスは、すべからく知識社会学のネタであるとどうじに、政治社会学のネタでもある」となるだろう。なかなかに大変なことではあるが、これが「論文投稿と査読のホントのところ」なのである。

[注]

[1] 本連載が、ここで「時代性をふまえ」という主張をするのは、それなりの蓄積が、投稿研究および査読研究においてなされてきているからである。実際の蓄積については、齋藤(2012)須田ほか(2013)、戸ヶ里・中山(2013)池岡(2015)等をあげることができる。

[2] 査読評価は、一般的に、A、B、C、D、Xの五種類の記号でなされ、それぞれA=掲載可(しばしば誤字・脱字の訂正を含む)、B=微修正(再査読なし、とする雑誌と、再査読あり、とする雑誌がある)、C=大幅修正、D=掲載不可、X=テーマ的に不適合、というような意味で用いられるのが普通である。

[3]「チェックポイント」は、『社会学評論』の場合は、「審査のめやす」と呼ばれており「推論の論理性/資料の扱い方/先行研究・既存学説の理解/独創的な着眼および技法/文章表現/問題提起および結論の明確性/参考文献および参照の適切性」の七項目となっている。『家族社会学研究』では、「1. タイトルの適切さ、2. 課題設定の妥当性、3. 結論の明確さ、4. 先行研究のレビュー、5. 資料の適切さ、6. 分析方法の適切さ、7. 論理性、8. 独創性、9. 参考文献の参照の適切さ、10. 用語や表現の適正さ・統一性、11. 図表の枚数および提示方法、12. 抄録(英文・和文)の適切さ、13. 執筆要項との適合性、14. 研究倫理上の問題」の全十四項目となっている。これらの「チェックポイント」は、「十分/不十分/該当せず」の三区分で評価される場合と、「大変良い/まあ良い/問題あり/非該当」の四区分で評価される場合がある。もちろん、三区分の場合の方が、減点法的運用になってしまう傾向があるといえよう。

[4] この部分、必ずしも、投稿論文が優れていることに由来する「知的成果」とは限らない。多くの査読者は査読をしているときに、おぼろげだった論敵が、具体的な形となって、いま、この査読論文中に現れてきている、と感じることがあるはずだ。そのように「仮想敵」役割を投稿論文がになってくれることも、知的刺激ということができるだろう。

[文献]

藤村正之、二〇〇七、「編集後記」『社会学評論』五七(四):奥付頁。

半澤節子、二〇一五、「英文誌と和文誌の査読の経験から」『看護研究』四八(七):六七六―六八二。

池岡義孝、二〇一五、「『家族社会学研究』の査読システムと査読ガイドライン」『看護研究』四八(七):七〇〇―七〇四。

樫田美雄、二〇一二、「論文投稿学・序論――投稿誌の選定から査読対応までの支援学の試み」『保健医療社会学論集』二三(二):三―一五。

今野浩、二〇一三、『ヒラノ教授の論文必勝法――教科書が教えてくれない裏事情』中央公論新社。

齋藤圭介、二〇一二、「データからみる『社会学評論』――投稿動向と査読動向を中心に」『社会学評論編集委員会報告』五―二六。

佐藤健二、二〇一四、『論文の書きかた』弘文堂。

須田木綿子・鎮目真人・西野理子・樫田美雄編、平岡公一・武川正吾・山田昌弘・黒田浩一郎監修、二〇一三、

『研究道：学的探求の道案内』東信堂。

戸ヶ里泰典・中山直子、二〇一三、「投稿者と査読者・編集委員のコミュニケーションの向上――論文査読セミナーを終えて　グループワークの記録」『日本健康教育学会誌』二一(二)：一七七―一八六。

ネコタロウに聞け！　社会学者スーパースター列伝①

ラザースフェルド

栗田宣義（甲南大学）

　オーストリアからいち早く渡米し着実に研究者としての地歩を築いていたラザースフェルドと、批判理論で高名な亡命者アドルノとの米国での絡みはマーティン・ジェイの『弁証法的想像力』（みすず書房、原著は一九六七年）が詳しい。ラザースフェルドとの関係が悪化したアドルノは「観察対象の反応からはじめることは、わたしにはまったく皮相で誤ったやり方に思えた」と苦々しく回想する。乏しい経験的根拠から文化産業の物神性を批判するアドルノにラザースフェルドが宛てた手紙には「きみが著作のいたるところでラテン語を使うやり方が、完全な物神崇拝だと思いませんか？」と書かれていた（同書三二五―三二七頁）。辛辣だ。反面、高根正昭が『創造の方法学』（講談社現代新書一九七九年）で記す米国社会学会大会のエピソード。壇上で報告を終えた理論家パーソンズに向かって「ちょっとこれを持ってくれ」と頼み「ゆうゆうと図表の説明を開始した」という（同書九四頁）。彼のお茶目な側面が垣間見える。

　ラザースフェルドは社会学方法論の巨匠である。社会学共和国の一ドルコインが存在するならば、表面はパーソンズ、裏面はラザースフェルドとしたい。表のパーソンズの対抗馬はヴェーバー、ジンメル、デュルケムなど強者が多数ありそうだが、裏のラザースフェルドは文句なし。経歴から社会心理学者としても記されるが、彼は紛う事なき社会学者である。二十世紀中盤、理論研究でハーバード大学を率いたパーソンズとは対照的に、コロンビア学派の黄金期を築いたラザースフェルドと彼の弟子たちによる、質問紙調査と統計解析こそが社会学ならびに社会学教育の世界的普及の原動力であったことは誰の目にも明らかだ。ヴェーバーが経済学者、デュルケムが宗教学者として括られたならば、多くの社会学者は異議を唱えるだろう。ラザースフェルドも同様。

　ラザースフェルド（Paul Felix Lazarsfeld）は一九〇一年ユダヤ人両親の許でウィーンに生まれ、一九二五年ウィーン大学で数学博士号を授与された。一九三二年に、ロックフェラー財団が注目することになる経験社会学の古典「マリエンタールの失業者」を発表後、一九三三年に渡米。ロックフェラー財団支援の下に、音楽部門の主任としてアドルノも加わることになるラジオ調査プロジェクトに招かれた。後にコロンビア大学に移り計量社会学の金字塔を打ち立てたエリー調査を行うことになる。社会経済的地位、マス媒体接触、パーソナルコミュニケーションを原因変数とした投票

© Sayuri Kajiwara 2016

行動解析で有名なパネル調査だ。夥しい数の共同調査を遂行し、社会学、選挙研究、マス・コミュニケーション研究における計量分析の現代的かたちを創造かつ制度化し、一九七六年に逝去。

北田暁大の「社会学にとって『アメリカ化』とは何か」『現代思想』（二〇一四年、十二月号）や奥村隆の「亡命者たちの社会学」『応用社会学研究』（二〇一三年、第五五号、立教大学社会学部）が彼の学問行程を素描している。ロバート・マートンが一九九八年に記した「ラザースフェルドと一緒に仕事をして」『東北学院大学教養学部論集』（久慈利武訳、二〇一五年、第一七二号）によって同僚の目から見た彼の人柄を偲ぶこともできる。マートンによれば、仲違いしたリンドとマッキーバーのそれぞれが新任人事で推したのが経験社会学のラザースフェルドと理論家のマートンだったという。「敵対的役割で、そして補完的よりも釣り合いのために学科に招かれたことについては思いも寄らなかった」（同書一三二頁）のは抱き合わせ招聘の対象となった当事者の二人ではなく、両名による協働の賜物であるコロンビア学派の興隆を知る後世の我々の方だろう。彼らの薫陶を受け、数理社会学のコールマンや政治社会学のリプセットといった煌めく俊英がコロンビア大学から巣立っていった。

彼のコミュニケーションの二段の流れ仮説は今も意義を失っていない。ネット悲観論者たちは、Googleによるウェブのパーソナライズ化こそがゲートキーパーと言うかもしれないが、ラザースフェルドの時代であれば、新聞やラジオ報道といったマス媒体に頻繁に接触し、内容を咀嚼、解釈、味付け（時には偏向）を行った上で、パーソナルネットワークにクチコミで影響力を行使するオピニオンリーダーが、現代はツイートやＲＴの名手に代わっただけだ。Twitterの過剰拡散やＬＩＮＥの閉鎖過多など効果の差異はあるにせよ。慧眼なるかな、ラザースフェルド。

ウィーン時代には数理科学の神に愛でられた若き社会主義者であり、渡米後は依怙贔屓のラベルを貼られても亡命研究者を受け入れ、降りかかる論難に逃げることなく、辛辣な偽悪家として対峙。科学的手順の明晰さを信じ、命題の単純化をこよなく愛したラザースフェルド。彼の社会分析は八十年を経て今もなお生きている（次回連載予定はマルクーゼ）。

公募特集によせて

好井裕明（日本大学）

本雑誌創刊にあたり公募特集のテーマとして「生きづらさ」を考えました。『社会学評論』（二〇一六年三月号）でも「生きづらさ」で公募特集が組まれていることはわかっていました。おそらくは多くの研究者がエントリーし、掲載にいたらなかった貴重な論考も多かったでしょう。『評論』というメディアでこうした貴重な論考をすべて拾いきれることは難しいでしょう。だからこそ本雑誌で独創的な論考を掲載できないだろうかと考えました。

雑誌の内容や形態もわからず、雑誌の評価も海のものとも山のものともわからない段階で、八人の方からエントリーがあり、とても感激しました。内容を検討し、四人の方に掲載に向けて論文執筆をお願いしました。ただ残念ながら、お一人が事情により辞退され、結果的に三本を小特集の論文として掲載できることになりました。

若年ゲイ男性が逃れられない檻のように閉じ込められてしまう「性的冒険主義」という「生きづらさ」（大島岳論文）。髪の毛がない女性が「髪の毛がないこと」自体をどう認識し承認し、他者との相互行為のなかでどう生きていこうとするのか（吉村さやか論文）。

子づれシングルの女性が直面する「生きづらさ」を質的印象的に語るのではなく計量調査から解明しようとする意欲的試み（神原文子論文）。

三本の論文はそれぞれ三回から四回、同人による査読を重ね、修正をしていただきました。どのようにすれば著者の言いたいところがより鮮明になるのか。より多くの人々に理解してもらうために文章や語句をどのように変え、書き加えたらいいのか、等々。ただ論文としての諸々の不備、問題意識や問題関心の不鮮明さ、方法論の不適切さなどを指摘し、振り落とすための作業ではない、掲載に向けての熱のこもった査読者と著者によるやりとりは、とても生産的で興味深いものでした。

次号の公募特集のテーマは「生活者の社会学」です。この特集を読まれ、本雑誌のこのコーナーに興味関心を持たれた皆さん、どうぞふるってエントリーをお願いします。

公募特集　生きづらさとはいったい何なのか

「性的冒険主義」を生きる

――若年ゲイ男性のライフストーリーにみる男らしさ規範と性

大島岳（一橋大学）

本稿の着目点は、現代の若年ゲイ男性がさまざまな「生きづらさ」に直面してきたと同時に、とりわけ性的な出会いを通じて「たのしさ」を得ていることである。具体的には、新宿二丁目やSNSでのフィールドワークを通じて出会った十名のライフストーリーを通じ、「男らしさ」規範が性の領域にどのように影響を及ぼしているかを分析する。ライフストーリー研究の強みは、多声性や曖昧さ、苦悩とたのしさの両義性、絶望や希望といった「生きられた経験」に着目することで、人生を社会に組み込み社会の可能性を広げていくことにある。ゲイバーや雑誌の中では、男らしさ規範による性的な苦痛経験に対し積極的な意味を賦与するコードが存在し、性に身体を従属させた性的身体と男らしさの囚われから解放される変態な（クィア）な主体の立ち上げを可能にする。しかし、この主体は社会からの排除によって、男らしさ規範、特に変態や後ろめたさの感覚を伴う「性的冒険主義」が埋め込まれた「たのしさ」に縛られた親密圏へと疎外する。この親密圏の中で、社会的に脆弱な若年層は、HIV罹患や意図せぬ薬物使用を伴うセックスなどのリスクに遭遇し脆弱性を更に高めざるを得ない。同時に、このリスク自体が性的冒険主義の掛け金となるがゆえに、その価値を高めるという逆説が存在する。この逆説の中で浮かび上がる「生きる力」とリスクに直面する技術としての「文化の力」を記述する。

キーワード：マスキュリニティ、リスク、親密性

1　問題の所在

1―1　「生きづらさ」をどうとらえるか

いま、性的少数者の生きづらさが脚光を浴びている。その萌芽は、一九九〇年代以降重点的にＨＩＶ／ＡＩＤＳ対策を進めるにあたり、基礎的な統計や法整備を必要としたことに

見られる。一九八一年米国での報告以来、ほぼすべての先進国でゲイ男性[1]のリスクは他男性に比べ一貫して高く、その数値は日本ではＨＩＶで四十四倍であり、近年特に若年層の上昇が顕著となっている（市川 2014）。他にも、性暴力を含むいじめ経験、抑うつや自殺念慮、アルコールや薬物使用、偏見や差別といった、健康や安全に関わるさまざまな不平等に直面することで、相乗的に生きづらさが強化されるということが、シンデミック理論[2]に基づくさまざまな調査[3]を通じ明らかにされてきた。このうち人類学者 R. Stall ら（2008）は、リスクを日常的に高める要因として社会の「男らしさ規範」を指摘し、社会学者 S. Kippax ら（2004）は、この規範が埋め込まれたコミュニティやネットワークにアクセスすることで産出されるさまざまな下位文化のうち、特にクィア[4]（変態）や後ろめたさの感覚を伴う「性的冒険主義[5]」の影響力を指摘する。これらの論者は、これまで臨床医学・公衆衛生モデルが以下のように浮き上がらせてきた個人のリスクについて、その背後にある男らしさという「生きづらさ」の社会的・文化的側面を照らし出しているのではないか。

１－２　先行研究とライフストーリー研究の視座

臨床医学や公衆衛生による主な接近方法は、「欠如[6]」（Herrick 2011: 93）モデルであった。つまり特定の個人や集団の欠点や問題は何かという議題を立てたうえで、効果的と考えられる介入を企図してきたといえる。これはリスクの布置状況を明示し重点的な対策の手がかりを提供する一方で、ゲイ男性特にＨＩＶ陽性者を病理であるように捉え、かえって「偏見や差別が存在している社会的背景」を助長し当事者の社会的脆弱性を高めてきたのではないか。

社会学では、M. Mutchler によれば「驚くべきことに、ＡＩＤＳ時代に若年ゲイ男性が性的態度をどう築くかについてはほとんど知見がない」（Mutchler 2000: 31）。河口和也（2014）や志田哲之（2014）も、カミングアウトやホモフォビアを中心としたセクシュアリティ研究[7]が非常に多い一方で、ＨＩＶには殆ど関心を払わない「現実との乖離」（河口 2014）を指摘する。男性性研究・男性史では主に異性愛「男性の性的身体[8]」（澁谷 2013: 19）史が論じられ、一方で人類学では新ヶ江章友（2013）が日本の政策を俯瞰し、国家や公衆衛生による生権力の統治とゲイ男性の主体形成の関連性を論じた。しかし、「同性愛者という主体が、どのような性的欲望を駆り立てられ、自らの経験を形作っているかを分析すること」（新ヶ江 2013: 230）は課題として残されている。

以上の知の体系と先行研究上の課題を踏まえたうえで、本稿は上記の領域から見落とされてきた「下からの声」、具体的には若年ゲイ男性が語ったライフストーリーから「男らしさ」というジェンダー規範に着目し、かれらがこの規範に晒されることでどう生きづらさが形成されるのか、どのような主体なのか、いかに「生きる手がかり」（好井 2009: 17）を得てきたのか、そこから見える社会の課題は何か、以上を明らかにすることを目的とする。

フィールドワークを通じたライフストーリー研究の優れた点は、さまざまな人の「生きられた経験」に着目することで、苦悩やたのしさを両義性や矛盾を含む「生きざま」[9]（足立 2010: 290）を基に社会を批判的に分析し、人生を社会に組み込み、社会の可能性を広げていくことにある。だからこそH. Slimら（1993）によれば、社会の表に出て来ない隠された経験の様相を明らかにできるがゆえに、最も攻撃に晒されやすく目に見えにくい参加者と共に行う調査として特に有用なのである。しかも、個人誌とマクロな社会理論を接合するだけではなく、人生の中でさまざまな理論がどのように織り込まれているかを捉え、かつ具体的な生活の諸実践が新たな社会の姿や理論的発展の可能性の手がかりを得るという学術的な意義も有している。

1－3　調査の対象と方法

二〇一二年八月から二〇一四年八月までの間に二十代の若年ゲイ男性十名を対象としてライフストーリー（非構造化）調査を実施した。その際ネットワークの多様性を考慮し、SNS[10]、新宿二丁目路上、コミュニティセンター、バーやクラブなどの複数の場にフィールドワークを行い、出会った方へ声をかけインタビューを実施した[11]。なお、個人が特定されると思われる情報には変更を加えた[12]。

1－4　本稿で取り上げる調査協力者について

調査協力者十名のうち、五名（うちＨＩＶ陽性者二名）がいじめもしくは性暴力を受けた経験があり、両方の経験があるものは二名であった。本稿では字数の関係で次の四名をとりあげる。

（1）Aさん：二十歳

幼少期の自身を「トランスジェンダーで、自分のことを女だと思って」いたと捉えている。小学時から受け続けた執拗ないじめを逃れるために、「男の子になろう」とゲイになり、「男らしい」明るいキャラクターを作り上げることで克服しようとした。しかし簡単ではなく、中学時に多くの同級生に性的に襲われたという。

（2）Bさん：二十四歳

幼少期より両親から虐待、学校では「なんか女の子っぽ」く「オカマっぽい」という理由で無理矢理スカートをはかされたり女子トイレに入れられたりするいじめを経験し、高校卒業し上京後に付き合った彼氏からＤＶを受け失業し、うつになり生活保護受給に至る。しかし職業訓練校に通いたいと考え、人間関係と行動範囲を少しずつ広げている。

(3) Ｃさん：二十一歳

ある外国で幼少期を送り中学時に帰国したが、「当たり前」であったアクセントを同級生や教師にからかわれ、それが「本当にトラウマで」「しゃべりたくないって泣いてた」。同時期に部活で上級生から「レイプ」されたことで、ゲイって「エッチ」や「アブノーマルなものがつきまとうのかな」と冷めた見方や悲観的な将来像を持つようになったという。

(4) Ｄさん：二十三歳

女性っぽいという理由で小学生時からいじめを受けてきた。高校生までは彼女がいてバイと認識していたが、十七歳の時にＳＮＳを通じてゲイになったと捉えている。その時の性的な出会いは本人の意に反し「ゲイって、つらい、苦しい、痛い」と感じられるものだった。その後、暴力事件の被害を受け高校に通えなくなったが、通信教育で高卒資格を獲得する。その後知り合った男性から薬物使用を強制され、依存に至ったことを振り返っている。

2 男らしさの苦悩と快楽

2-1 男らしさという暴力

暖色系でフリル付きの服を好むＡさんは、甲高い声で早口に話す一方、小学校低学年から格闘技をさせられてきたことが影響してか、同年代と比べてかなり筋肉質である。こうしたギャップもあって周囲から注目を浴びやすいようだ。

三歳の頃、同い年の「男の子を連れて、手引いて、僕この子と結婚するからって母親に言ってた」ので、「カミングアウトっていうカミングアウトをしてな」かったのだという。そんな「女らし」かったＡさんは、小学校入学以来いじめを受け続けてきたという。

Ａ：えっと、女子を中心に小学生のころはずっといじめに《(ママ)》受けてて、それで、「おかま、おかま」ってずっと言われてたから、それが嫌で嫌でしょうがなかったから女が嫌いになって。で、女らしい自分も、「おかま」って言われてたから嫌になって、男らしくなろうって思って、それでこうなった「今のがっちりした外見？」っていう。

ミソジニーとホモフォビア[13]に彩られた執拗ないじめから逃れるために「女らしい」自分から「男らしい」自分になったのは、Aさんにとって一つの生きる手がかりであったと言える。当時家庭の事情もあり、執拗ないじめを誰にも相談できる状況ではなく、自殺未遂を何度も試みるほどの過酷な状況であった。「飛び降りたり車にひかれたりしてたんですけど、全然、何か、体が無傷のまま帰ってくる。だからこのあたりの怪我も全部そういうのなんですけど」と明るい口調のまま顔の傷を見せてくれた。

A：先生にも言わずに。だから、先生は、あの、その、「おかま」とか言われたことに対して、すごいキレやすい性格をしてたから、その、女の子でも男の子でも殴り倒してたから、それについて暴力をしたっていうので怒られてて、「先生は僕のことをわかってくれない」ってなって。で、親には、あの、いろいろあって相談できないとか、そういうので、まあ、「自分でどうにかしなきゃ」って考えたときに、「男の子になろう」って。

具体的には人気者の男子を見て、「どうしてあの子は人気なんだろうっていうのを、ずっと観察しながらメモを取って、少しずつそれを体に覚えさせていった」。というのも、男らしく「すべてを流せるキャラであったら、そのいじめは受けない」と考えたからである。こうして、明るい「男らしいA太くん」という「キャラ」を作り上げ、現在の新宿二丁目で活躍する生きる手がかりを得たと言う[14]。

小中学生の間、誰にも相談できない環境の中でいじめを受けないよう想像を超えた努力を行い生き抜いてきた強さと共に、もしも自殺未遂が完遂されてしまったらと想像すると、当時のAさんの生の危うさを筆者は感じざるを得なかった。この意味で、「もともと女の子」としての「トランスジェンダー[15]」から、めまぐるしい努力を重ね明るいキャラの「ゲイ（男性）」となったAさんにとって、学校は実質的な支援も受けられず、常に死（殺）と隣り合わせの平時の戦場のようなものであった。この意味で、語りを単なるデータではなく生存の証言[16]として聴く責任を引き受けなければならない。

2-2　男らしさをクィアする「痛みの共同体」の力

Bさんは、中学二年時に部活で他の男子生徒から性的被害を受けた。以下に、その時の出来事の意味づけが端的にあらわれている。

B：うーん、でも自分が「いじめられているということを」隠してること自体にはあまり触れない先生だったから、本人が言うまで自分から言う先生じゃなかったから。だから中二の時の一番最大でひどかったのが、確か修学旅行の時かな。まあ、いわば。

――どんなことがあったの？

B：……あのー、集団で、その、ホテルで襲われたのね……まあ、集団でまさか修学旅行でやられるとは思ってなく、まあ、それが学校に伝わったの。

――何人ぐらいだったの？

B：七人……やられるっていう。

――やられるっていう感じだ。それって、どういうふうに、どんなことをやられたの？

B：まあ。

――まず羽交い締めにされて、みたいな感じ？

B：うん、そうそうそう。で、一番びっくりしたのが、まさか、まさかの、お尻を僕は襲われると思ってなく。

――そうだよね。

B：まあ、でもそのおかげで、まあね、自分に、本当の自分に気付いたのかもしれないけど、まあ、でも二丁目では、それはおいしい話だよってよく言われるけど。

――おいしいのかな、それって。

B：いや、違う、まあほら、いわばノンケ[17]たちがいるっていう時点で、まあ、こっちの世界の人にとってはうらやましいんじゃない？

同じようにAさんも性的に襲われた時のことを以下のように振り返っている。

A：で、何だろうな。何か、多分、はたから見たらいじめに見えるような感じだけど、あの、何だろう。いろいろな男の子に襲われるっていう。

――これって聴いていいの？

A：どうぞ。何か、その、最初は●の●部長だったんですけど、同い年の子で。その子がおれを、その、羽交い絞めにして、で、何かいろいろ性的なことをやり始めたのが最初で、そっから少しずつ、何かいろいろな人がやるようになってって、大体、学年の男子の半分くらいと性的関係を持ってたっていうのが。

（中略）

――放課後か何か？

A：そう。ほかの、だから、今まで、あ、女の子として生きてきた分、その、女っぽかったんですよ、ほかの男の子より。だから、何か、かわ、「女子っぽいからかわいい」みたいな感じで襲われてっていうのが最初ですね。

――そっか。まあ、抵抗しても向こうはね、力、羽交い絞めだからね、難しい。で、そのころ、後に、まあ、半分とってすごいね。

（中略）

Ａ：「ホモ製造機」とか言われてましたね。

――そうやって言われたりとか、ど、どう思う？

Ａ：あ、でも、何か別に、おれはそれを嫌だとは思ってなかったんですよ。

――そっか。

（中略）

Ａ：そうそうそう。何か多分、よく雑誌とかに出てくる感じの襲われ方をしてたんだなって、おれ。●部とか●部とか。……ドラマ化したらだいぶエロい。

筆者は性暴力被害と思わしきことに驚きを覚え、「聴いていいの？」と確認する。しかしＡさんが「どうぞ」と返答し話を続けたように、この経験は雑誌上の言説やバーでの会話では「うらやましい」話、すなわち性的幻想の中で肯定的な意味に変換可能なようだ。C. Riessman（2008）は、語りのリアリティが誰に共有されているかの分析の必要性を指摘し、A. Frank（1995=2002）は多声性への着目が重要であるという。これらを踏まえると、苦難の経験は、性的な経験に積極的な意味を見出す解釈的共同体の中で主体構築のために利用できる一つの意味づけの資源として立ち現れていることが伺える。

例えば新宿二丁目にある多くのバーは、おネエことば[18]を通して男らしさの囚われから解放され変態な（クィア）主体を立ち上げることのできる、治癒的実践の場としての機能を有している。痛みを伴う苦悩を晒し開示することで経験を共有し、共同性の中で「たのしみ」[19]（足立 2010: 266）を追求する。その意味で、性的な経験に積極的な意味を見出し過去の苦難を共有できる、「痛みの共同体」（Frank 1995=2002: 62）と見ることができよう。例えばＢさんの場合は、懇意にするバーのママさんに対し、この経験だけでなく別の機会にＨＩＶ陽性が判明したことを伝えている。その時も、「あんた、それだけいろんな人からお誘いが来たってことじゃない、あたしなんてカラカラだから羨ましいわ」と「軽く」言われたことが「救い」になったという。[20]

こうして、二人は痛みの共同体の中で、「ゲイ・ファンタジー」[21]という支配文化とは異なる男らしさ規範[22]に存在する特徴的な言語体系やコードを用いた言語実践によって、男らしさをクィア化し性的な「たのしみ」に縛りつける主体を立ち上げることで、生きづらさを克服することができたのである。

当然だが、二人は暴力を自らの選択や合意を通じて経験したものではない。あくまでも、痛みの共同体の中に埋め込まれた一つのコードを用いることで、苦悩と共に生きる手がかりを得たのである。重要なことに、このコードの存在自体が類似した暴力経験や苦悩の多さを示唆している。

2-3 社会的排除とハイリスクな性的身体の生成

幼少期から「女っぽい」という理由でいじめを受けてきたCさんは、中学校の頃に性暴力被害に遭っている。

C：うーん。中学の時は、子どもの、何だろうね。悪意のない言葉って本当に傷つくんですよね。……だから、テレビとかでやってるでしょ、なんか、友情ごっこみたいな、なんかこう、自分のすべてを、の内を、こう、話せるような友達がいて、ああ、なんて素晴らしい世界なんだ、みたいな。これこそが青春よ、みたいな感じの学園ドラマあるでしょ。もうクソ食らえと思ってた、本当に。もう、そんなね、簡単に、簡単なんじゃないんだよとか。おまえら、ノンケだからできんだよそんなことって、本当。だから、冷めちゃった、どこかで。

……で、まあ、ゲイになったきっかけは、中一の時に、まあ落ち着いた、あの、●区の中学校なんですけど、まあ、そこの●部に入ってたんですけどね、●部の先輩、一つ上の先輩に、まあ、レイプをされまして。

――えっ、そうなの？

C：ま、その時にはもう自分がゲイだって分かってたから。まあ、あれだったけど。

――どういう状況で？

C：痛かったー。もう僕、あれが今まで一番痛かったと思う。なんかね、がい、外国人のね、チンコ入れるよか痛かった。なんかね、あっ、なんか、何だろうね。ここも痛かったけど、なんか、もっと冷めちゃった、あの時。あー、なんか、ああ、そうかと思っちゃった、なんか。これしか生きる道がないのかなって思った。

――これしかっていうのは？

C：なんか、その、セックス的なもの、その、レイプみたいのは一回きりじゃなかったんですよ。三回くらいあったかな。す、なんか、すごい好いてくれてたみたいで、その先輩はね。で、なんか、ああー、普通には生きられないのかなと思った。その、え、絶対にどこかしらで、そのー、エッチとかであったり、どこかアブノーマルなものが、自分の思ってなかったね、アブノーマルなものが、どこか、なんか、付きまとってくんのかなって思っちゃったな。……この、ゲイとかに対して手を差し伸べないような、この社会ならば、俺も手を差し伸べてやらないって思って。でも、だからといって、その、攻撃的に当たりたいわけじゃないから……ノンケよりも長生きをして、か、あ、あいつおっ死んだよって思ってやるのが一番かなと思ってる。……同じゲイの人とかが自殺しちゃったりとか、同年代の子とかもいるから、たまに、ニュースとか……でも取り上げられない子もいれば……それはきつい。[23]

（中略）

C：……うんとね、やっぱどこかしら悲観したんだよね、なんか、ゲイってものは、せ、何だろう、セックスっていうものが付いてくるものなんだっていう感じ。だって、ゲイに対し、ゲイの資料なんてエッチなことしかなかったもん、見ててもやっぱり。ゲイとはっていったら……セックスっていうものがベースにあるんですよね。……ゲイビ[24]とかだとね。けど、なんかね、エッチの上に成り立ってんだなって思っちゃった、ゲイって。すっごい悲しかった。で、日常生活のお手本はというと、そういうドラマ〔*Will & Grace*〕とかの笑われ者だし。……同じゲイでも、取り巻いてる環境は普通じゃないし、あーあって思っちゃった。なんかね、人間じゃないのかなって思う時期もあったな。

「学園ドラマ」の友情物語は「ノンケ」だからできるものであり、「ゲイ」のCさんはそもそも物語の前提から排除されている。友情とは決して二者関係の間で自然発生的に生じるのではなく、実際には制度的に規定される人間関係の一形態、とりわけ異性愛同性間での親密な関係（ホモソーシャル）を主として形成される。

こうした排除や暴力によってかろうじて形成された人間関係の様相は、自己の生きる道が「アブノーマル」なものがつきまとうという悲観的な将来像（予期）「これしかない」、つまりセックスに限局化した人間関係形成への疎外と同時に、その実現の手段や形態でも「アブノーマル」、「普通に生きる」ことはできないという諦念を中学の段階から感じさせるものであった。「ま、その時にはもう自分がゲイだって分かってたから。まあ、あれだったけど」という自己や他者、社会に対する基本的信頼の低さは、後に説明する性的冒険主義への参入の後押しとなったように見える。
しかし、同時にCさんは「誰にも相談できない」過酷な状況にもかかわらず、「生き残ってやろうと思った」という。では、それはどのようなものか。

C：……やっぱ火遊びをね、ど、どの歳でもしたいっていう感情があるんだよ。男は一人に決めたくないって感情があるんだよ。だからね。添い遂げるっていうね、ファンタジーは抱けないんだよ……すっごい盛んになった、ましたね、それでもう諦めちゃったから。もうなんか、エッチというものは付随してくるもんだっていう、もう、もう、きしゅ、吸収しちゃったっていうか、はじま、そこがスタートだった。もうパーンってくらい、ま、パーン……高校に上がって。
（中略）
C：えー、まあ、僕は中学校、にね、二〜三年から●［SNSの名前］を見てて、どういうのが売れんのかって。売れるってことはまだ分からなかったけど、かん、傾向を見てて、あー、なるほど、こういうのが売れるんだって思って、それっぽい写真を撮り、紹介文は、まだ右も左も分からない初心者です、誰かお兄さん、僕に手取り足取り教えてくださいって書いて。
（中略）
C：えー、やー、携帯パンクするかと思った。で、手取り足取りというか、「手取り足取り教えてください」って書いたのは、たくさん［連絡が］来るように、のためで。もう知ってた、いろいろ。だって、もうレイプされてるし。で、うーん、「付き合わない？」って、それを毎回言われ、「ああ、いいっすよ」って全部同時期に答えたりもしたし、から、何股だろう。なんか、ピアノの鍵盤の数股ぐらいした。だから、人は一回やったぐらいで告白してくるような男はね、駄目だって思った、いいよって言っちゃう。
——いいよっていうのは？
C：だから、無碍に扱ってもいいと思っちゃう。
（中略）
——逆に一番、こう、楽しかったのとか気持ちよかったのとかは？
C：一番楽しかったのは、えーとね、公園の便利トイレで駅弁ファック。
——あー、個室のあるところ？
C：そう。でね、あ、もうちょっと二人ともイきそうって時に、コンコンコンって。コンコンコンって鳴るわけ。なんか、三十分以上過ぎちゃってたみたいで、でね、け、なんか、何だろう。その、何分か以上過ぎると人が、こう、倒れてんじゃないかと思って、なんか、来るみたいなところで。

――はあ、そんなのあるの？

「男は一人に決めたくない」「無碍に扱ってもいい」と述べるように、男らしさ規範を性的実践の場面で採用し、性的欲求の追求と同時に欲望対象への蔑みを併せ持っている。Ｃさんは大学入学以来、部活の練習と筋力トレーニングに専念し、しばしば「男らしい」マッチョな男性像への憧れを話し、性的にも奔放な自身の「ハードな」性体験をオープンにするなど常に男らしい振舞いが散見される。さらに、就職希望先もいわゆる肉体労働に憧れを抱いている。以上の「男らしさの快楽[25]」を性的に追求することが生きる手がかりとなっているように見える。

しかし、その一方で、「もう諦めちゃったから。もうなんか、エッチというものは付随してくるもんだ」という諦念とともに公園の公衆トイレでの性行為中に外からノックされたということからは、警察や公園の管理人による発見だけでなく物理的暴力の危険[26]やＨＩＶなど性感染症にかかるリスクがあった[27]ことも見過ごせない。

Ｃ：うん。だから、うーん、セーファーセックスってもの知らなかったから、僕もそのー。

――その時はね＝

Ｃ：……コンドーム、別にーみたいな。どこか、どこかしらでね、自分はね、何だろう。主役みたいな感じの観念みたいのがあったのかも。なんか、あの、スーパーヒーローみたいな。……それはただの危ないイベントであって、自分に何かしらのダメージが来ることは、自分にはないんだっていう、なんか、不確かな自信みたいのはあった、本当。今、この画像で探してると、その、それはバカだなと思うんだけど。

（中略）

――じゃあ、あんまり関係ないやっていう感じだったのかな、その時は。あんまり自分にとってはピンと来なかったかもしれない？

Ｃ：いや、ピンとは来てた。あるもんだと思ってた、ＨＩＶとか、そういう性感染症だっていうものはあるもんだって思ってて、うん。あるっていうか、危険なことはあると思ってたけど、絶対に自分にはないって思ってた、なんかね。

（中略）

――関係ないとか、そういった意味とはまた違うの？

自分には関係ない＝

C：＝関係ないじゃない。関係はあるんだけど、自分の真横の人はなるかもしれないけれど、その乱交の時とかね。人はなるかもしれないけど、自分にはね、そういう性感染症の病気に対する何か抵抗力とか何か防御力、あ、ま、魔力じみたものを感じてた、変にね。本当、非科学的で根拠のないことなんだけど、そういうものを感じてて、自分は強いんだって。

社会から排除された感覚は反転して、一種の社会と切断した自由な主体の存立を可能とし、極度にリスクの伴う性実践に向かわせる「性的身体」を立ち上げ、同時に自身をケアすることへの無関心さを醸成させることがあるようだ。いじめ研究でも内藤朝雄（2009）によれば、弱者にとって耐えることそれ自体がタフな美学であり、弱者なりの全能筋書に体験加工することで、現実の厳しい状況下に生きる手段を獲得する場合が往々にしてあるという。ここから言えることは、たとえ性教育や情報があったとしても、行われる場が排除やいじめが横行する環境ならば、それは脆弱性に晒される人には届かないということである。このことは、いじめや暴力はしばしばジェンダー・性的な意味が伴う[28]ということと通じており、ゆえに単に性的マイノリティへのいじめを同性愛嫌悪としてのみ捉えると、支配文化の中心にある男らしさ規範がもたらすさまざまな影響を見落とすことになる。

2‐4　男らしさと性的冒険主義の帰結

冒頭で見たように、Kippaxら[29]は男らしさ規範とリスクの伴うセックスとの結びつきによる快楽を「性的冒険主義」として概念化した。性的冒険主義への没入は、性的ネットワークの中で性的な主体形成を条件づけるが、同時にＨＩＶや物理的暴力といったさまざまなリスクにもさらされることになる。しかし、ここで重要なのは個人を取り巻くネットワークやコミュニティを下位文化としてみる視角である[30]。

では、性的な男らしさの快楽は、メゾレベルでどのように構造化されるのであろうか。性的ネットワークは薬物使用のそれと交差し、部分的に相互浸透していく。こうした相互浸透の様相は見過ごされがちだが、Ｃさんは性的な出会いの中で薬物使用の機会や同調圧力を以下のように語っている。

C：……ま、最近に、あの、年上の人で三十歳ぐらいかな。もうちょっと薄れてきちゃったけど、なんか●［店］で、まあ、お茶デートすることになって、そしたら、キメるって言葉が分かんなくて。

（中略）

C：そう。キメるって言葉が全然分かんなくて、その、まあ、最近……やっと分かったんですけど、だから、英語でいうスラング的なものがやっぱ日本にもあって、ゲイスラングですよね。……プロフィールのところにキメますとか、なんか、書いてあったんですけど、確かに書いてあったんだけど、結局意味は分かんなかったから、なんか、クールとか、そういう意味なのかと、かなと思ってたから。

――アプリで知り合ったの？

C：アプリで。●〔SNS〕で。

――分かんなくて、クールだと思って。

C：分かんなくて、で、でも、その人は、まあ、あの、「ぼ、僕、あの、キメたりするけど大丈夫？」って、その●〔店〕で言われて、「キメるって何ですか」って聞いたら、その、「薬物とかやったりするけど本当にOK？」って言われて、えっ、それはちょっとみたいな感じになって、まあ、その人は、そ、しょ、事前に言ってくれたんですけどね、あの、それじゃなかったらもっと怖いことになってたと思います。

（中略）

――ふーん、そうか、そうか。まあ、なんか、ほら、乱交の経験もあるっつってたからさ、そういう時は特にそういうのはなかった？

C：乱交、吸ってる場面は知らなかったけど、瞳孔散大してる人はいるなとは思ってました。

――あーあー、じゃあ、もうすでにキマった人がいて。

C：キマってたんでしょうね、きっと。

――今考えたら。

C：うん。だから、うーん、セーファーセックスってもの知らなかったから、僕も、そのー。

Cさんは、相手と実際に会うまでは「キメる」という隠語が薬物使用を意味することを知らず、実際に会いやりとりを交わしてようやく意味を理解した。これが「スラング」たる所以であり、性的ネットワークの中で薬物使用に関する隠語を理解する者同士の出会いを可能にする。重要なのは、性と薬物という二つの空間重複によって薬物に縁のなかったCさんのような者が、偶有的に使用者や機会と出会う場合が往々にしてあるということである。また、フィールドワークではさまざまな隠語のうち「変態」「ヘンタイ」という言葉が「キメ」や乱交など性的冒険主義を包括した意味を持ち用いられている場面にしばしば遭遇する。[31] 今や「クィア」それ自体が既存の性的実践の枠組みに包摂されているようだ。Cさんは相手の配慮によって断ることができたが、Dさんに至っては強制的な薬物使用に進んだ過程を以下のように述べている。

D：●［SNSの名前］で知り合って。で、●［地名］のさ……なんだけど。……なんかいろいろ、服とかも買ってくれて。で、それで帰ろうとしたら「え、お礼。お礼してよ」みたいな感じで言われて……「恩と奉公っていうか、あれでしょ」みたいな感じで。で、なんか、ホテル行くことになって。……それでなんか「ジャーン」とか言って……「なんだ、これ？」とか思って。……で、ガンって入れられて。……俺、もう、ヘロンヘロンになっちゃってて。

――そりゃぁそうだよね。

（中略）

D：「痛い！」って感じで。「痛い！」って言ってるのは覚えてるんだけど。それでなんかもう、そのまま動かないでみたいな感じでいて。動かないでいて、シャワー浴びて。戻ってきたら、もう、俺、もう超いい感じになっちゃって。

――そうだろうね。

D：飛ん、飛んだし。

――うん。

D：で、もう、それで、なんか、超セックスしてて。で、向こうがいって。でも、すっごい量入れられてるから、まだ足りなくて。で、なんか「家送るよ」つって、送られたけど。「セックスしてえ」ってなっちゃって。……タクシー乗って、ハッテン場行っちゃって。

――キマってるわけだもんね。

D：そう。「やろう、やろう」と思ってハッテン場、着いて。

（中略）

D：で、二人とやったけど、もう、超ヘロンヘロンじゃん。二人は、引いてるわけじゃん……で、なんか、みんな途中で。

――去ってっちゃって（笑）

D：去って。「え、おまえたちなんだよ」とか思って。

――こっちは欲しいのにね。

D：で、なんか、その、あぶりやってた[32]人に連絡して。「助けて」みたいな。「まじ、やばい」みたいな。

――連絡して。

D：しかも、キメてるから、そんな動けないと思って。

――そうだよね。

D：んで「じゃあ、タクシーでうち来て」つって。家行って。で、そこではじめて［覚せい剤を］打たれて。

ここでは、商品や空間の提供を受ける対価として支配関係に基づいたセックスワークが行われたように見える。言うまでもなく、合意によらない薬物使用は暴力の一形態である。しかし、Dさんは淡々と語っており、服を買ってもらい薬物に興味もあったので、薬物使用を伴うセックスの強要にあっても仕方ないという自己スティグマにより、自身が受けた被害を認識していないようだ。つまり、セックスワークや薬物使用を道徳的問題として捉えることで自己責任論に回収され、その背後にある支配関係や健康被害、貧困など不平等の側面を見えなくさせ支援資源へのアクセスを困難にしていたのだった。特に若年層を含む援助資源が乏しい現状では、誰にも相談できず依存の過程へと進んでいったことは残念ながら論理的な帰結に見える。

D：で、なんか。そっから、もう、はまっちゃって。一ヵ月に一回とかおきに会って、やってみたいなって。だんだんだんだん量が、超増えてっちゃう。

――うん。ね、耐性ができてくるから、どうしてもね。うん。きかな……効かなくなっちゃうもんね。

D：ちょっと、なんかね。で、なんか、もう気持ちいいし、みたいな。俺もだんだん慣れてきて、まあ、勃起薬とかも飲むけど。チンコもたつようになってみたいな。で、なんか、楽しいほう、楽しいほうに考えていくけど。そのとき、ちょうどリキッド[33]もやってて。で、リキッドとやるセレ、セフレ[34]がいて。その人とやった後に、その、彼とやってて。で、リキッドとエス[35]を混ぜてやると、超おかしなことになって。なんか、エスだけのときって、あんま幻覚とか幻聴とか見えなかったんだけど。リキッドとエスをやったら、幻覚と幻聴がすごくて……「別に」みたいな感じでいて。で、今度、人の影見た。人の透明バージョン、シュッシュッとか見えて。「あ、これも幻覚じゃん」とか思ってて。大丈夫だったんだけど。で、ついに、なんだろう。幻聴が聞こえて、寝ようとして寝てたら「チーン」とか聞こえて。

（中略）

D：そう。で、今の職場でも「え?」みたいな。「どうしたの?」みたいな感じになるし。

――そうだよね。

D：ばれてんのか、ばれてないのかな。「インフルエンザだった」とか、嘘ついたりして。

Dさんは薬剤耐性ができるにしたがって、「量が、超増えてっちゃう」と同時に、危険ドラッグや合成麻薬など摂取の多種化が進んでいる。さらに「セフレ」というセックスに限局化した親密圏の内でセックスと薬物が相乗作用し、同時に関係の密度が上がりネットワークというメゾレベルでも依存が強化されていく。耐性によって使用量が多くなり使い続ける時間も長くなることで、不眠不休による疲労困憊によって数日寝続けることで仕事を休むなど負のスパイラルを構成し、依存の形成と日常生活維持の破綻を来すことになる。

2-5　構造的親密性を超えて：男らしさの底つき

Dさんはこうして「ずーっと一ヵ月とかやってて、まあ最近まで」やっているような状態であったのだが、薬物をやめるきっかけを以下のように語っている。

D：……彼が、その彼がなんか、あの、仕事もやめ、だから、薬が断ちたいから。仕事もやめて……実家帰るってなって。で、最後のセックスしようみたいな感じになって。で、そのときに、めっちゃキマリ過ぎちゃったのかな、お互いに。で、でも、彼には彼の考えがあったらしくて。俺を、薬から離れさせるために、怖いことばっかしかさせなかったというか。気持ちいいより、もう、説教とかされたし。キメてる、キメていつもセックスをするのに。キメて説教になっちゃって。で、なんか、注射すると、その入れたときの、なんだろうシューっていうのがあって。

――感覚があるんだ？

D：そう。あれが、ハーっていうのが気持ちいんだけど。もうそれすら今、もう忘れちゃってんの。

――ああ、そっか。

D：それぐらい、薬イコールなんか、もう、なんだろう。その、なんか恐い。

――恐怖っていう感覚かな。

D：そう。それが覚えてて。それで、俺も、めっちゃ泣いて。もう、セックスも済んだけど、気持ちよくなくて。なんか、なんだろう。それが、向こうの計画だったんだって。

（中略）

D：あの、週、なんか時間たった後に連絡来て「大丈夫？」ってきて。

（中略）

D：で、なんか、もうその人と離れて。で、なんか、まあ、連絡くるっていうか。人生の＊＊見てきた中で、全部知ってるから。まあ、その人の人生も知ってるわけで。「俺は、こういうふうにしてきちゃったから、同じ道のり歩いてほしくないから」って言って。「幸せになってほしいから、まあ、最後こういうふうにしちゃって。離れさせようとして」って……。

――うん。そうか。

D：で、俺も、なんだろうな。その人別に、全然恨んでもないし。出会ったことに、すごい感謝してるし。で、なんか、エスやっちゃったことに対して、悪いっていうか。なんだろう。あれはもう、遊びというか、快感というか。まあ、はまってたの気付いてるし。はまってない、はまってないって言いながら。

薬物使用を伴うセックスが「肉体的次元」[36]を通した相互行為であるという観点からDさんの語りに着目すると、薬物を媒介として親密性が育まれたということがわかる。K.Race（2009）によれば、薬物使用についての従来の見方（ホモフォビアや社会的疎外に対する病理的反応）という欠如モデルからでは、実践の中で果たす社交性や所属やたのしさという側面を捉えることができない。この薬物は脳内のセロトニンという神経伝達物質が大量放出され、多幸感や多弁、他者との親密感や共感、心を開き平和や思いやりなどの感情を生じさせることとも関係している。つまり、性的冒険主義によって制度化されたセックスに限局した親密圏、いわば「男らしさの牢獄」に対し、薬物を使用しそしてやめることを通してそれを文字通りブレークスルーしたと見るべきなのである。[37]この観点から捉えると、性的冒険主義という性的な男らしさ――自分自身であれ他者であれそうした場に身を置くこと――の追求（クィア的な追求も含む）によって生じた日常生活の破綻は、もはやこの追求では自身の望む男らしさにはたどり着かないという、一種の「底つき」[38]であったと捉えることもできよう。

この後Dさんは、薬物と性依存による「痩せ」によって使用が発覚し、かつ男らしいボディイメージを失った。それがきっかけで筋力トレーニングを始め、NA[39]で知り合った仲間とともに男らしい身体を再構築することを目指し、薬物を使用しない生活を維持していきたいという。

3 まとめ

調査協力者十名のうち四名は、外見や振る舞いが男らしくないという理由でいじめを受け、思春期・青年期に性暴力や望まないセックスなど苦悩の経験を有していた。なかでも二名は、ゲイ・バーやファンタジーといった「痛みの共同体」に流通するコード、つまり男らしくないという理由で受けた苦悩経験を性的な側面ではむしろ積極的な意味に転換を可能にするコードを用い、克服あるいは共に「生きる手がかり」を得ていた。これは、性に身体を従属させた性的身体と同時に、男らしさの囚われから解放された変態な（クィア）主体の立ち上げを可能にする。しかし、この性的身体は、社会からの排除によって、男らしさ規範、特に性的冒険主義が埋め込まれた「たのしさ」に縛られた親密圏へと疎外する。この親密圏の中では、ジェンダーやセクシュアリティに関する知識や対人スキルを獲得する機会が少ないという意味で社会的に脆弱な若年層は、ＨＩＶや薬物使用を伴うセックスなどのリスクに遭遇することで脆弱性を更に高めることになる。同時に、このリスク自体が性的冒険主義の掛け金となるがゆえに、その価値自体を高めるという逆説が存在する。ＳＮＳの急速な普及によって、性的冒険主義は日常的に性的な写真やメッセージを交わすハビトゥスを通じて、今後もセクシュアリティに関連した絶え間ない革新を生じさせることとなろう。

若年ゲイ男性の社会的脆弱性は、さまざまな苦悩が互いに絡み合い重層的な生きづらさとして現れていたが[40]、厄介なのはこの背後にある、社会における支配的な男らしさ規範が放置されていることにある。本稿の調査協力者にとっても、表面的にはいじめそのものは表向き相談に開かれていたものの、それがジェンダーとセクシュアリティに関連されていなかったためにほとんど誰にも相談できなかった。こうした相談資源や機会の不在だけでなく、この規範それ自体が生きづらさの気づきに対する障壁となっているのである。

ゆえに本稿で見た性的冒険主義への没入は、公的領域の中で受けた男らしさがもたらした（性）暴力や支配や排除などさまざまな困難からの回復、あるいは必ずしも最良の結果をもたらさないが、「より良く」生きていくために残された数少ない一つの手がかりであったという側面を見落としてはならない[41]。つまり、日々の生活の中で肉体的次元に限定したリスクに晒されコントロールすることを試みることで、より大きなリスクに対応していたといえる。これは、従来の欠如モデルでは適切に捉えることができず、特にすでにリスクに直面しそれを抱え続ける（例えば依存を抱える陽性者）者の実践知の獲得としての人生の軌跡（薬物をやめ続けることで新たな親密性を築いたり、男らしさを身体づくりというたのしさに限定し追求すること）を適切に捉えることができるいう点でも支持される。むしろ、ここに支配的な男らしさ規範の裂け目と内破の可能性を見ることができるのではないか。

一見不器用で自暴自棄的な「たのしさ」にも見える生きざまに対し、ライフストーリーに現れる両義性や矛盾、多声性や葛藤を丹念に分析することで、支配的な文化[42]が及ぼすさまざまな社会的な力や不確実性とどう向き合ってきたかを学ぶことができる。そのことを通じて「一方では、そうした現実をなす個々の現象の連関と文化意義とを、その今日の形態において、他方では、そうした現実が、歴史的にかくなって他とはならなかった根拠に遡って」（Weber 1904=1998: 73）理解することが可能となる。かくして社会科学は、一方で他者を他者のなかにあって感じる感性を豊かにし、他方で自身の生き方に関連する囚われや偶有性に気づかせてくれる。つまり支配文化による植民地化やエリート主義、あるいは非一貫性や揺らぎの排除といった生の画一化への加担を避け、新たな「生きる手がかり」を発見し社会の可能性を広げていく意義を有することとなる。ゆえに、四人の語りは、ある特定の個人や集団の健康や幸福だけでなく、社会に広く問うことのできる人権の観点やジェンダーの非対称性への気づきという社会的公正の観点にまで及ぶ重要な証言なのである。

【謝辞】本稿の一部は、ＪＳＰＳ科研費（特別研究費奨励費）助成を受けた。多くの有益なコメントを何度も頂いた査読者の先生方に、心から感謝申し上げます。

［注］

［1］本稿ではバイ・セクシュアル男性など他のＭＳＭ（Men who have Sex with Men）も含み表現する。その理由は、本稿で扱った調査対象者がすべて今の自分自身を「ゲイ」と表現したという理由からである。

［2］医療人類学者M. Singerが一九九〇年代半ばに提唱した概念である。二つ以上の疾病など苦痛を指し、それらが絡まり合うことで、ある集団の健康状態を相乗的に悪化させることを意味する。

［3］M. Singer（1994）やR.Stallら（2008）など。日本でも、日高庸晴（2004）や井上洋士ら（2013）が健康と社会との関連を明らかにする量的調査を行っている。特にＨＩＶ陽性者の「生きる力」は先進国の中で最も低く、今後さらなる検討が求められている。

［4］中村美亜（2008）によれば、クィアという語はもともと辞書的には「変わり者」を意味し、主に支配的な性規範から逸脱（例えば女性らしい男性や同性愛者など）した者への侮辱語であった。一九八〇年代以降エイズパニックが深刻化する中で、主に同性愛者への差別や排除に対し「変態」で何が悪いかと社会を捉え返す概念が広がり「クィア理論」として学問的潮流が生じたという。この理論では、異性愛に対し「同性愛」の権利を確立するという運動の理論的基盤それ自体が、男性／女性、異性愛／同性愛といった二元論に基づく異性愛主義（ヘテロノーマティヴィティ）を前提とし、同性愛を構成的外部として位置づけてしまうことに着目し、むしろこの支配体制そのものを問題にすべきと論じられる。つまり、「差別は不当！」と糾弾するだけではなく、「差別を解消するには何を抜本的にあらためる必要があるか」といった社会その

ものに焦点を当てる。「それは有益な示唆に富む豊穣な領域なのだが、残念ながら文章が難解になる傾向があり、現代思想になじみのない人には理解しづらい。せっかく蓄積された知がアクセス不能になっている現状が、私にはもどかしくてならない」(中村 2008: 3-4)。本稿では、むしろクィアな知は人びとの日常生活の具体的な経験にすでに豊穣に存在していることを示す。

[5] 危険に身を晒しリスクを取ることによって、より性的な快感を強めたり自己の限界を超え性的な友愛主義や侵犯やたのしさの感覚を生じさせることを意味する。この概念は「男らしさ」規範とリスクの伴うセックスとの結びつきによる快楽を意味し、具体的には集団セックス、薬物使用、野外プレイやSMなど「ハード」な実践を指すという。その対義語はバニラセックスであり、ハグやキスといった「ソフト」な実践である。同様にT. Dean (2009) も、コンドームを使わない「ナマ (bareback)」のセックスが、男らしさ規範と親密性の結びつきによって行われていると論じている。

[6] 例えば、ゲイ男性は①コンドームの使い方を知らない(使用技術を身につける必要がある) ②セックスの交渉方法を知らない (セーファーセックスに向けた交渉能力を高める必要がある) ③特にセックスに関する健康的でない規範を持っている(仲間関係での意識を変える必要がある) と捉えてきた。

[7] そこで取り上げられるライフストーリーも、知識人など大卒ミドルクラスやアクティビストを中心とした自伝的なものが多い。数少ない例外は矢島正見 (1997) と加藤慶・渡辺大輔編 (2010) であり、個人の生活史やライフストーリーを扱っている。しかし、前者は逸脱や社会病理という枠内での理解を試みているという点で「欠如」モデルに基づいている。後者は教育学の観点からカミングアウトやいじめといった学校教育でのさまざまな問題を扱う目的のためか、HIVやセックスの側面については深入りしていない。他にも、協力者自身が高学歴で既存の理論に精通し、それらを自身の経験に随所に当て嵌めたエリート的理論語りが散見される。こうした幾つかの問題点はあるものの、両者ともに明確に先駆的な研究である。

[8] M. Foucault に倣い「科学言説によって、『性的欲望』を対象化しつつ、『性と身体を同一視するか、少なくとも性に身体を従属させるという、いっけん矛盾に満ちた(中略)『一つの特殊な身体』』」(21) と定義している。なお、男性の性的身体史が異性愛男性に限定されているという問題認識については、荻野美穂や西川祐子などによって早い時期から指摘されていた。

[9]「生き方・技法という言い回しよりも、もっと不器用で“美醜”あるいは“清濁”併せもった価値」であり、「その時々にはそうすることでしか(ありえ)ない、物事の成り行きの結果として、“思わず”漏れ出して(さらけだして)しまう生活態度」と定義されている。

[10] ソーシャルネットワーキングサービス。ここでは主としてゲイ男性が用いるスマートフォンの出会い系アプリやインターネットの掲示板、twitterやFacebookのことを指す。

[11] 日本社会学会の倫理綱領に基づく研究指針に準じ、細心の注意と十分な説明を行い同意を得た後に、後日依頼書を見

せながら詳細説明を行い、調査参加同意書にて同意を得たうえでICレコーダーに録音し、後日文字化したものを分析の一次資料とした。一回辺りの所要時間は二時間前後であり、必要に応じて複数回実施した。また、プライバシー保護の観点から個人が特定できる蓋然性の高いと判断される情報には適宜変更を加えた。「……」は一人の語りの中での省略、「（中略）」は会話のやり取りの省略、「＝＝」は会話における両者間の言葉の重なり、「**」は聴き取れなかった箇所、「●」は伏字である。なお、それぞれの処理について調査協力者に確認をとり了承を得た。

［12］対象者の名前や年齢、地名だけでなく、鶴田幸恵（2008）に習いインタビュー日時の記載を控えた。

［13］E. Anderson（2009）は、ミソジニーとホモフォビアを主とした「オーソドックスな男性性 orthodox masculinity」が、近代社会において男らしさ規範の覇権的地位を得て「覇権的男性性」として現れていたが、一九九〇年から二〇〇〇年前半にミソジニーとホモフォビアが低減した「包摂的男性性 inclusive masculinity」の出現が見られるという。この発生は、ジェンダー関係の変化というよりも、メディアが介在した消費パターンの変化としてみるべきだと指摘する。

［14］しかし最近は、Aさんは男らしさを演じることが限界となり、恋愛の場面で現在の彼氏から「おまえ、そういうキャラじゃないだろう、本当は」と指摘されたことで、それ以来反応が機械的になってしまい結局破局したと言う。

［15］ここでAさんは、ゲイ男性になる前には異性愛女性であるという意味で「トランスジェンダー」であったと独特で示唆に富む理解を示している。

［16］語りは「データ」（つまりモノ）として扱われることで調査者や読者が利益を得るようになるが、そうではなく、語りは語りと「ともに理論化する――そして生きていく――ための素材なのである」（Fank 1995=2002: 45–46）。

［17］「異性愛者」のことを指す隠語。主に性的少数者の間で流通する言葉である。

［18］オネエことばとは「毒舌でものを言い、独特なイントネーションを伴う、『女ことば』を取り入れながら『女ことば』ではとても言えない内容までずばり言う」ことで、「ゲイ・コミュニティ」における「通過儀礼」「結束力を発揮」する「複合的なアイデンティティのひとつの拠り所さえなる」（クレア 2013: 10–13）。

［19］足立重和（2010）は、伝統文化を通じた地域づくりに関し、宮本常一を参照して観光地化以前に存在したとされる「たのしみ」が、失われたとされる伝統文化を理想化しながら語り合うことで、「本来あるべき姿」というリアリティを共同性の中で築き上げお互いを緩やかに拘束し始めると指摘する。観光地化が進む新宿二丁目のような空間でも、失われつつある、性的な避難場所や「たのしみ」という文化を理想化し語ることで、あらゆる性的な体験に肯定的な意味としてのリアリティを付与し縛りつける志向性を持つと言えるかもしれない。

［20］この背景には、この店がNPO akta（東京都新宿区）が行っているHIVの予防啓発活動「Delivery Health Project」の古くからの協力店の一つであり、HIVスティグマが低かった

ことが一つの要因にあったと推察される。ここでは、ＨＩＶを性的に襲われたことに置き換えても同じ肯定的な意味を持つことができることに注意されたい。

［21］「ゲイ・ファンタジー」の歴史的変遷については田亀源五郎（2006）に詳しい。ゲイ雑誌上で一過性の娯楽として遺族や縁者によって「なかったこと」として捨て去られた作品群を発掘し、編纂する試みを行っている。いうまでもなく社会学・歴史学的にも重要な資料である。

［22］ここでは暴力をエロス化し無害化するコードの存在を指摘したが、「ＢＬ（ボーイズラブ）」的ファンタジーというコードの採用もあるように見える。

［23］この話は、Cさんが他の箇所で語っていたTwitter上で自死に至るリアルな感情の揺れや行動の報告を目撃したことと関連付けられている。弱い紐帯の強い力は、強い情動として影響しうるということも記しておきたい。

［24］ポルノグラフィ作品としての「ゲイビデオ」の略である。

［25］辻泉（2009）は、男らしさの実態を「自己＝身体性」「集団＝関係性」「社会＝超越性」の三次元で捉える必要があるといい、本稿も踏襲した。

［26］たとえば、二〇〇〇年の「新木場殺人事件」が代表的であり、二〇〇六年にもゲイ男性が暴行を受け現金を強奪された。

［27］このことは当然のように見えるかもしれないが、実際にはそうではない。たとえば海外では、幾つかのいわゆる「ハッテン場」と呼ばれる公園では性感染症にかからないための健康的側面を重視し、清潔なコンドームや注射器などが設置されていた（於シドニー、二〇一五年七月見学）。

［28］C. Pascoe（2007）の質的研究などを参照のこと。

［29］Smith, Worth and Kippax（2004）など。この概念自体はJ. Rechy（1978）まで遡ることができる。

［30］T. Dean（2009）も同様に、①参与観察②ポルノグラフィによって産み出される（を産み出す）サブカルチャーの分析③ナマ（bareback）を嗜好するウェブサイトの分析により、それが最も魅惑的なのは「超男性的」（11）なイメージを伴った場合であり、ＨＩＶなど危険に身を晒すことによって「究極の親密性」（45）を得ることができると指摘する。

［31］このことは、二〇一六年五月現在までに筆者が行っている調査インタビューでは明示的に語られている。この言葉の持つ主観的意味に関する詳細な分析については、今後の課題としたい。

［32］覚せい剤を炙って気化し鼻から吸引することを言う。

［33］通称「合法アロマリキッド」としてインターネットや繁華街で販売されているいわゆる「危険ドラッグ」である。薬事法に規定されている指定薬物をはじめとした有害な成分が含まれている場合があり、二〇一四年の死亡者数は一〇〇名を超え二〇一三年の十倍以上に昇った。その後、医療品医薬機器法改正による取り締まり強化によって検挙人数が急増し、死亡数は急減した。

［34］セックスの伴う友達のことを意味する。

［35］覚せい剤の別名。

［36］L. Wacquantは、エスノグラファーとして現場に身を置くことで、身体を通して研究対象の世界に入りこむ「身体から

の社会学」（Waquant 2004=2013: v）を提唱した。しかし、かれが研究対象としたボクシングとは異なり、セックスや薬物の現場に常に身を置くことは必ずしも可能ではない。そこで、本稿では当の世界に身を置いてきた人びとを、経験豊かなエスノグラファーとして位置づけることで、語りに身体の「歴史」が刻まれていることに着目した。

[37] E. Khantzian（2008=2013）によれば、依存者の薬物依存を自己治療の試みとして捉えるべきだという。つまり、「あなたはいかにして薬物使ったのか」を聞くよりも「あなたに薬物は何をもたらしたのか」を聞くことが、なぜ依存症が一時的な解決策となると同時に新たな問題を引き起こしたか、を理解するヒントになるという。端的に言えば、薬物を通じて支配やコントロールを試みた男性に対し、Dさんは薬物を通じて親密性な関係性を築きあげたかったのである。しかし、その結果は幻覚や痩せという心身の問題の発生と日常生活の破綻であった。

[38] このことは、二〇一六年に某所ダルクを訪問した際の会話から示唆を得たものである。記して感謝申し上げたい。なお、底つき体験とは、例えば薬物を使用しない生活を目指す自助グループで経験を分かち合う場において、もはや自分自身ではどうにもできなくなり誰かの助けが必要だということを認める契機のことである。

[39] Narcotics Anonymous の略。薬物によって、大きな問題を抱えた仲間同士の非営利・匿名の集まりである。大都市部では近年セクシュアル・マイノリティミーティングが立ち上がり、年々著明な広がりが見られる。

[40] 四名の語りだけでも、いじめ、（性）暴力、教育達成機会からの排除、家族からの追放や援助停止、性的ネットワークへの疎外、DV、ゲイゲットーでの粗悪な労働環境、貧困、警察の執拗な職務質問、HIVやうつや自死念慮、薬物使用などのメンタルヘルス上のリスクなど相乗作用しあい健康上の問題を強化する一連のセットが見られた。

[41] "It Gets Better" 計画を念頭に置いた。これは、二〇一〇年に米国でDan Savageが、いじめを受けて自死を選ぶ若年性的マイノリティの多さを知り、今いじめの只中にいる者に、より良い未来はあるというメッセージを当事者や著名人からSNSで集め、自殺予防と社会のスティグマ低減をめざし全米に拡大したものである。

[42] 本稿では、男らしさについては異性愛普通主義（ヘテロノーマティビティ）が支配文化であり、具体的にはホモフォビアとミソジニーのことを指す。また、性的冒険主義については、例えば薬物使用に関して依存に至る前や只中にいる人を医療や福祉支援ニーズを持つ者としてではなく、犯罪や人格に問題がある人として捉えることなどを指す。もちろん、下位文化それ自体の支配的な価値、いわゆるマイノリティの中のマジョリティという意味も含む。

【文献】

足立重和、二〇一〇、『郡上八幡　伝統を生きる——地域社会の語りとリアリティ』新曜社。

Anderson, E., 2009, *Inclusive Masculinity: The Changing Nature of Masculinities*, New York: Routlege.

Dean, T., 2009, *Unlimited Intimacy: Reflections on the Subculture of Barebacking*, Chicago: Univ. of Chicago Press.

Frank, A.,1995, *The Wounded Storyteller: Body, Illness, and Ethics*, Chicago: Univ. of Chicago Press.（＝二〇〇二、鈴木智之訳『傷ついた物語の語り手――身体・病い・倫理』ゆみる出版）

Herrick, A. L., 2011, *Syndemic Process among Young Men who Have Sex with Men (MSM): Pathways Toward Risk and Resilience*. Diss. Univ. of Pittsburg.

日高庸晴、二〇〇四、「ゲイ・バイセクシュアル男性の健康レポート」（二〇一五年九月二日取得。http://www.j-msm.com/report/report01/）

市川誠一、二〇一四、「ＭＳＭのＨＩＶ感染対策の企画、実施、評価の体制整備に関する研究――平成二三年度～二五年度総合研究報告書」。

井上洋士他、二〇一三、「ＨＩＶ陽性者をめぐる今日的課題――HIV Futures Japan プロジェクトでの検討プロセスを踏まえて」『日本エイズ学会学会誌』一五（二）：八五―九〇。

加藤慶・渡辺大輔編、二〇一〇、『セクシュアルマイノリティをめぐる学校教育と支援』開成出版。

河口和也、二〇一四、「エイズ研究に対する社会学の貢献」『日本エイズ学会誌』一六（四）。（第二十八回日本エイズ学術集会十二月五日での講演）

Khantzian, E., 2008, *Understanding Addiction as Self Medication: Finding Hope Behind the Pain*, London, New York: Rowman & Littlefield.（＝二〇一三、松本俊彦訳『人はなぜ依存症になるのか――自己治癒としてのアディクション』星和書店）

クレア・マリィ、二〇一三、『「おネエことば」論』青土社。

小林多寿子、二〇一〇、「ライフストーリーの世界へ」小林多寿子編著『ライフストーリー・ガイドブック――ひとがひとに会うために』嵯峨野書院、vii–xii.

Mutchler, M., 2000. "Young Gay Men's Stories in the States: Scripts, Sex, and Safety in the Time of AIDS." *Sexualities*, 3(1): 31–54, London: Sage.

内藤朝雄、二〇〇九、『いじめの構造――なぜ人が怪物になるのか』講談社現代新書。

中村美亜、二〇〇八、『クィア・セクソロジー――性の思いこみを解きほぐす』インパクト出版会。

大島岳、二〇一五、「若年ゲイ男性のライフストーリー――ＨＩＶ／ＡＩＤＳの時代における性」（一橋大学社会学研究科二〇一四年度修士論文）.

Pascoe, C., 2007. *Dude You're a Fag. Masculinity and Sexuality in High School*. San Francisco: Univ. of California Press.

Race, K., 2009, *Pleasure Consuming Medicine: The Queer Politics of Drugs*. Durham, NC: Duke U. P.

Rechy, J., 1978, *The Sexual Outlaw*. London: W. H. Allen & Co.

Riessman, C. K., 2008, *Narrative Methods for Human Sciences*, Thousand Oaks, CA: Sage Publications.

志田哲之、二〇一四、「同性愛の二〇年――CiNii からみる日本の社会学分野の同性愛研究」『論叢クィア』七：七―二〇。

澁谷知美、二〇一三、『立身出世と下半身――男子学生の性的身体の管理の歴史』洛北出版。

新ヶ江章友、二〇一三、『日本の「ゲイ」とエイズ――コミュニティ・国家・アイデンティティ』青弓社。

Singer, M. 1994, "AIDS and the health crisis of the U.S. urban poor: The perspective of critical medical anthropology." *Social Science & Medicine*, 39(7), 931–948.

Smith, G., H. Worth and S. Kippax, 2004, *Sexual Adventurism among Sydney gay men.* Monograph3/2004. National Centre in HIV Social Research (NCHSR). NCHSR, Sydney.

Slim, H., P. Thompson, O. Bennett, and C. Nigel, 1993, *Listening for a Change: Oral Testimony and Development*, London: Panos Publications.

Stall, R., Friedman, M., and Catania, J. A., 2008, "Interacting epidemics and gay men's health: A theory of syndemic production among urban gay men," In R. J. Wolitski, R. Stall, and R. O. Valdiserri (Eds.), *Unequal opportunity: Health disparities affecting gay and bisexual men in the United States* (pp. 251–274). Oxford, England: Oxford U. P.

田亀源五郎、二〇〇六、『日本のゲイ・エロティック・アート』vol.1.2 ポット出版。

辻泉、二〇〇九、「『男らしさ』への三次元アプローチ」宮台真司・辻泉・岡井崇之編、二〇〇九、『「男らしさ」の快楽——ポピュラー文化からみたその実態』勁草書房、三—一九。

鶴田幸恵、二〇〇八、「正当な当事者とは誰か——『性同一性障害』であるための基準」『社会学評論』五九（二）：一三三—一五〇。

Wacquant, L., 2004, Body & Soul: *Notebooks of an Apprentice Boxer.* New York: Oxford U. P.（＝二〇一三、田中研之輔・倉島哲・石岡丈昇訳『ボディ&ソウル——ある社会学者のボクシング・エスノグラフィー』新曜社）

Weber, M. 1904, *Die Objektivität sozialwissenschaftlicher und sozialpolitischer Erkenntnis.*（＝一九九八、富永祐治他訳『社会科学と社会政策にかかわる認識の「客観性」』岩波書店）

矢島正見編、一九九七、『男性同性愛者のライフヒストリー』学文社。

好井裕明、二〇〇九、「排除と差別の社会学を考える基本をめぐって」好井裕明編『排除と差別の社会学』有斐閣、四—二〇。

（原稿受付二〇一六年一月二十日、掲載決定二〇一六年五月三十日）

Living through Sexual Adventurism:
Masculinity and Sexuality in the Life Stories of Gay Youth

OSHIMA, Gaku
Hitotsubashi University
rescuelon@gmail.com

Gay, bisexual and other men who have sex with men (MSM) have been disproportionately affected by HIV, since the manipulative declaration of a gay man in 1985 as "Patient Number One" in Japan. The HIV epidemic has since been intricately tied to other negative life events such as ridicule, bullying, sexual violence, depression, suicidality, and rejection by families and other loved ones. Together, these concurrent challenges reinforce a kind of social suffering known as a syndemic.

This qualitative study of masculinity and sexuality aims to illuminate the life stories behind this syndemic, expanding our perspectives of diversified societies by revealing significant expressions of polyphony, indistinctness, and ambiguity in the experience of suffering and pleasure, despair and hope.

Ten interviews were conducted of gay male subjects aged 20 to 24, mainly through fieldwork in Shinjuku Nichome and SNS. In addition, this paper draws upon ongoing research data following twenty long-term HIV survivors. This study contributes to literature on the development of a better understanding of the relationship between lived experience and social structures, especially in terms of gender, sexuality, and mental health. Furthermore, it explores the meaning of social connections mediated by masculinity in individual gay lives in Japan.

The findings suggest that the subculture of sexual adventurism can recuperate and even queer gay suffering from the structural violence of the regime of orthodox masculinity. It indeed offers a sense of intimacy, but subjectivity is shaped through risk-taking, such as exposure to HIV through barebacking (unprotected anal sex) and illicit drug use. This paper argues that the risk factor itself thus paradoxically increases the value of sexual adventurism.

Key words: masculinity, risk, intimacy,

(Received January 20, 2016 / Accepted May 30, 2016)

「カツラ」から「ウィッグ」へ

――パッシングの意味転換によって解消される「生きづらさ」

吉村さやか（聖心女子大学）

本稿の目的は、重度の円形脱毛症によってまだら頭やスキンヘッドとなった女性たちのうち、「かつらを着用すれば何も問題がない」と語る事例の検討を通して、彼女たちがパッシングによって生じる問題にどのように対処しているのかを明らかにすることである。

事例の検討から、パッシングによって生じる問題が「生きづらさ」として語られないのは、彼女たちがパッシングを「病気にかかった特別な人がすること」（＝カツラ）ではなく、「ふつうの女性ならだれもが行うおしゃれや身だしなみ」（＝ウィッグ）と捉えていたから、であることが明らかになった。つまり彼女たちは、おしゃれや身だしなみに配慮する「女らしさ」の主体的実践としてパッシングを続けており、彼女たちにとってそれは必ずしも「息を殺して生きる」ことにはつながっていない。

結論として、本稿で事例を検討した女性たちは、パッシングによって生じる問題を病気や障害という社会問題として承認されやすい文脈ではなく、むしろ多くの女性たちが日常的に感じている「おしゃれや身だしなみの面倒さ」に関する文脈で捉えることによって、「生きづらさ」を解消させていた。

キーワード：パッシング、カツラ、ウィッグ

1　はじめに

社会的場面において、髪の毛がまったくない女性の姿を目にする機会は極めて少ない。もちろん、剃髪の尼僧やスキンヘッドをおしゃれとして楽しむパンク・ファッション愛好者など、社会的アイデンティティや対抗文化のシンボルとして自ら髪を剃り上げる女性はいる。だがそのような女性たちとは別に、円形脱毛症という病気によって[1]、まだら頭やスキンヘッドになった女性たちがいる。

さまざまな分野の既存研究において、髪は女性性や女性美の象徴であるとくり返され、髪を喪失することは男性よりも女性の場合のほうがはるかに深刻な問題であるといわれてきた（Synnott 1993=1997; Weitz 2005; Hoffman 2006; Riley 2009）。

日本においても同様であり、たとえば男性のハゲをジェンダーの視点から論じた須長史生は、女性や子どもに対する「〝ハゲ〟のラベルは成人男性のそれよりはるかに強烈で」、「それゆえ、彼らのハゲ経験もより深刻なものとなっている」（須長 1999: 26）と述べている。また、ジャーナリストの石井政之は、円形脱毛症でスキンヘッドになった女性へのインタビューを通して、「彼女たちはカツラを身にまとい、息を殺して生きている」（石井 2001: 120）と報告している。

これまで私は、重度の円形脱毛症によって髪を喪失した女性たちおよそ30名への聞き取りを行ってきたが、石井が報告するように、彼女たちのほとんどはかつらを着用していた。つまり当該女性の多くにとっては、かつらの着用によって、外見上は「何も問題ない」身体状態であることが、「ふつう」の女性として生きるための対処戦略となっている（吉村 2013）。実際、医療現場でも、かつらの着用は「QOLを改善する手段として議論の余地はない」（荒瀬ほか 2010: 1858）と、併用療法のひとつに推奨されている。

髪の喪失と対処としてのかつらの着用は、スティグマとそのパッシングである（Goffman 1963=2001）。しかしすでに指摘されているように、パスしながら生活することは、「つねにいつ崩壊するか分からない生活を送っているという点で非常な心理的負担、すなわち非常に大きな不安を負わざるを得ない」（Goffman 1963=2001: 148）。

さらに、顔にあざのある女性たちへの聞き取りを行っている西倉実季は、「カムフラージュメイクは万能ではない」（西倉 2005）と、パッシングによって新たに生じる問題を指摘する。顔にあざのある女性の場合、カムフラージュメイクというパッシングの成功によって社会参加の可能性が拓かれる一方で、隠していることが露呈するのを避けるために行動が制限されたり、親密な関係を回避せざるを得ないなどの問題が生じており、それを「後発的問題経験」とよんでいる（西倉 2009: 266–267）。後発的問題経験はパッシングという対処法をとっている限り必然的に帰結されるものではあるが（西倉 2009: 270）、顔にあざのある女性のなかには、特定の重要な他者に対してだけはスティグマ（＝あざ）に関する情報を開示し、彼／彼女らの認識や行動の変更を求めることによって、日常的にはパッシング（＝カムフラージュメイク）を継続しつつも、パッシングの失敗（露呈）にかかわる問題を最小化している女性もいるという[2]。

追って詳述するように、円形脱毛症の女性の場合も、かつらの着用によって後発的問題経験が生じている（吉村 2013, 2015; Yoshimura 2014）。しかしながら、「男性のハゲは語られても、女性のハゲを語ることはまだタブー」（石井 2001: 108）とされる現状において、当該女性が「髪がない」という事実を他者に打ち明けるのは、それがたとえ特定の重要な他者であっても、容易なことではない[3]（ひどりがもの会・阿部編 2001; 円形脱毛症を考える会編 2005）。

以上をふまえて本稿で注目したいのは、「かつらを着用すれば何も問題がない」と語り、パッシングによる「生きづらさ」を語らない女性たちである。彼女たちは、「病気で髪を喪失し、かつらを着用している」ことを他者に打ち明ける必要性を感じておらず、社会調査の研究対象になることに対しても消極的だった[4]。ではあるが、「彼女たちはカツラを身にまとい、息を殺して生きている」と表現できるような生き方をしているわけでは決してなく、仕事をし、家庭を持ちながら、ふつうの社会生活を送っている。それでは、彼女たちはどのようにして、パッシング以後の問題に対処しているのだろうか。

本稿では、彼女たちの発症以降の経験、とりわけパッシング以後の問題とそれへの対処法に注目しながら事例を検討し、この問いに答えたい。

2 事例の検討

2-1 調査の概要

本調査は、脱毛症当事者とその家族への聞き取りを目的に、「円形脱毛症を考える会」（通称「ひどりがもの会」）に、筆者が当事者会員として参与を始めた二〇一二年から継続して行っている調査の一環である[5]。

本稿で事例の検討を行う女性二名は、幼少に発症し、人生の半分以上にわたって、かつらを着用して生活している。彼女たちは、これまでさまざまな治療を受けたが効果はなかったという経験から治療に希望を見出しておらず、現在は治療を受けずにかつらの着用を継続している。

以降ではまず、個別に行ったインタビュー・データをもとに、発症以降現在に至るまでのプロセスを事例ごとに詳しく検討する[6]。

2-2 「つけたほうがかわいい」——Aさんの事例

Aさんは、一九八〇年代前半生まれの女性である。公務員として勤務しながら、一人暮らしをしている。交際相手はいるが、結婚はしていない。

十円玉ほどの大きさの円形脱毛ができたのは、小学二年生のときだった。発症当時については、親から話を「聞いただけ」で「覚えていない」。発症後すぐに母親に連れられて病院に行き、さまざまな治療を受けていた。発症一年後に完治したが、その後すぐに再発し、「[円形脱毛が]治らんうちにまた次のができて」というふうに、脱毛は「どんどん広がっていっ」た。その後も、学校を遅刻・早退しながら通院し、皮膚科だけでなく、精神科にも回され、「箱庭療法」や「夢日記」も書いていた。ありとあらゆる民間療法も試してみたが、髪は一向に生えてこなかった。

発症後しばらくは、地毛の結い方を工夫したり、帽子を被って隠していたが、髪が抜けているのは「バレバレ」で、「みんなが知ってる」ことだった。「男子はここぞといわんばかりに色々言ってきた」が、「いじめみたいなのは全然なかった」。

かつらの着用を始めたのは、小学四年生のときである。本州から九州への引っ越しが決まったときに、両親がかつらを買ってきてくれた。治療を受けるのもかつらを被るのも、「親が用意してくれた環境」で、「別に抵抗はな」かった。両親は、「あんたが嫌やないんやったら［かつらを］被っててもいいし、「病気で髪が抜けていることは」全然恥ずかしいことでもなんでもないし、たいそうでもなければ、悪いことでもなければ、ふつうっていうふうに徹底して接してくれ」た。Aさんにとっては、それが「すごくありがたかった」。

初めて着用したかつらは、当事者会の後援をしているかつらメーカーのものだった。そのかつらの購入をきっかけに、母親と一緒に当事者会に入会し、小学六年生のときに初めて会の活動に参加した。それまで、「自分みたいなのは一人だけ」と思っていたAさんにとって、同じ病気の当事者との出会いは「衝撃」で、いまでも「すごく覚えている」出来事である。

かつらの着用については、親が転校先の小学校の先生に話していた。同級生に話すかどうかは、「転校生だったから親も先生もちょっとそのへんは悩んだとは思う」が、「一応それは私にも聞いてくれ」、「先生から、実はこういう病気だからAさんは、っていう話を私がいないときにみんなにしてくれた」。同級生たちは、「小学生特有」の「協力、優しさ、仲間みたいな感じ」で「みんな受け入れてくれた」。また、いじめられるわけではないが、友達からかつらについて言われたり、気になるようなことがあったときには、「先生あのねノート」に書いて「発散」できていた。

Aさんは中学二年生のときに、再び家族で本州へ引っ越し、転校しているのだが、それ以降は学校の先生や同級生にかつらの着用について「わざわざ言うことはなかった」。だが、「隠すようになってからのほうが気にするようになった」と、次第に「自己否定感」を抱くようになる。

A：なんかすごく……なんやろ、引っ込み思案になったわけではないけど、すごく自己肯定感が低くなって。もともとね、低いところはあると思うんですよ、子どもの時からなんとなく自分には髪の毛がないし、笑いの対象やしってあったのが、中学に入って、そこがものすごく強調して感じられるようになって。
＊：うんうん。
A：でも、いじめもないし、友達もいたし、楽しいっちゃ楽しかったんですけど。でもなんかすごい、自分は駄目だみたいな。中学のときは一番思ってた……かわいくないって思ってた。自分のことがすごく嫌いやった。
＊：あー。
A：かわいくないし、髪の毛ないし……だから、だから全然誰にも好かれないみたいな。（中略）あの子はかわいいからいいなーとか。なにかあったわけじゃなくて、ふつうに友達もいたんですけど、全体的に？ 自己否定感がすごく強かったー。
（一回目のインタビュー・TS集五頁一一～二八行目）

転校先の学校での生活は、いじめもなく、仲の良い友達もいて、「楽しいっちゃ楽しかった」。だが当時のAさんは、髪がない「自分は駄目だ」、「かわいくない」と思い、「自分のことがすごく嫌い」だった。

高校も中学校の「延長」で、友達もいて、「高校生活自体はすごく楽しかった」。しかし高校に進学してからはとくに、「女子としての自己肯定感」や「自信がなくなって」いった。

A：すごく楽しかったけど、高校になってからはとくに……やっぱり女子としての自己肯定感みたいなのは……すごく自信がなくなっていて。
＊：へぇー。
A：でも、傍から見たら、なんもそんなん思わなかったかもしれないけど。（中略）なんかすごく自己否定感が強くなって。髪型もね、当時は思うようにいかへんから、すごいイライラして。パーマかけたいなぁとか、茶髪にしたいなーとか、括りたいなーとか、すごく日常的に。いまも思ってますけど。
＊：どういう髪型だったんですか？
A：おかっぱ。重たいし、黒いし、でも茶色くなってくるし。

（一回目のインタビュー・TS集五頁三五〜四八行目）

当時着用していた「おかっぱ」のかつらは、Aさんの「思うよう」な髪型ではなかった。「パーマかけたい」「茶髪にしたい」「括りたい」と「日常的に」思っていたが、「思うようにいか」ず、「すごいイライラして」いた。Aさんはちょうどこの頃、それまでは「とりあえず通っておこう」と「ほそぼそと続けていた」治療をやめている。「どうせね、治る見込みないんやったら、こんなにお金と時間をかけるよりは、かわいい髪型したりとか、そういうほうに時間もお金もかけたい」というのが、その理由だった。

高校卒業後は大学に進学し、当時は児童福祉の仕事に携わりたいと希望していた。児童養護施設で働きたいと思っており、「かつらじゃなければ迷わず行っていた」。だが、実習で子どもにかつらを引っ張られ、「これなに?」と言われたことが「すごく面倒くさく」なるなど、かつらの着用が「ネック」となって諦めていた。結局、大学卒業後は、「結構きつい」高齢者福祉の仕事に就いたのだが、Aさんはその仕事によって、「すごく自分自身が鍛えられ」「自信がついた」。「それまでは自分の判断や意見にまったく自信がなかった」が、「ある程度責任のある仕事を任せてもらったり」、「信念をもってやった仕事」を通して、「私じゃないとできないことがある、私でもできることがある」と、「初めて芯から」「自分のことを認めてあげられた」。

もうひとつ、Aさんの自己肯定感につながったのが、異性との恋愛経験である。中学・高校時代は、「自分はかわいくない」と「女子としての自己肯定感」が低く、「自分のことがすごく嫌いで」、「誰にも好かれない」と思っていた。だが大学生以降は、髪型に関する校則や制服もなく、自分好みのファッションをし、それに似合うかつらやメイクでおしゃれを楽しむようになった。その過程で、「自分を女として認めてくれて、病気のことを知ってても知らんくても、かわいいと思ってくれる、好きだって言ってくれる心地よさの味をしめて」いった。「かわいいって言ってもらえる、好きっていってもらえる、それを離したくない」のである。

A：一回……セックス中にずれたことがあって、それを自分が許せない、女の子として、そういうムードで（笑）そういうシチュエーションをかくも台無しにするー。冷めるは萎えるは、もう私最低って自分が許せない。

＊：ずれるのは相手が触るからじゃなくて?

A：そうやけど、ずれるようなかつらを被ってる自分が悪い。そういうときは相手を傷つけたー思うて、ほんとにつらい。（中略）私がいややねん。だから結婚したら……いやーずっとつけてんねやーって。
（一回目のインタビュー・TS集一七頁三二～四四行目）

このように、相手が触れたことによってかつらがずれたとわかっていても、それ以前の問題として、Aさんは「女の子」としての自分の落ち度を責めてしまう。長時間かつらを着用するのは、「暑い」し、「窮屈」と感じる。だが、「大事にしてほしい、女の子として見てもらいたい」という彼女にとって、かつらは「絶対に必要」で、なぜかつらを脱げないのかという問いに対しても、彼女は「かわいくないから」と即答した。

＊：うーん。それでもやっぱりかつらが脱げないっていうのは、なんなんだろう？
A：かわいくないから。
＊：かわいくないから。そうかぁやっぱりそうなんだなぁ、かわいくないんだなぁ。
A：うん。自分の中ではね、［かつらを］つけたほうがいい、つけたほうがかわいい。
（二回目のインタビュー・TS集二二頁三九～四二行目）

Aさんは「自分の顔と自分の好みの服にスキンヘッドは似合わへん」と語り、あくまでもスキンヘッドは髪型のひとつの選択肢として捉え、それが自分に似合うか似合わないかで判断している。現在彼女は、二十四万円のオーダーメイドのかつらを着用している。「そんなに安くはない」が、以前使っていた他のメーカーのかつらよりは十万円ほど安く、さらに、軽く、薄く、蒸れにくく、「かわいい」。

A：〇〇のほう［以前使っていた他のメーカーのかつら］が自然だと思ってるけど、まわりの人から言わせてみれば、いや前は［毛量が］多すぎやでーって。手触りも、前は触ったらわかる？　けど、これ［いま着用しているかつら］はすごい軽くて薄いから、初めてこれ買ったときに泣きそうなくらい感動して（笑）すごくよかったんだけど、〇〇はもう触ったらかつらってわかるけど、これは触っても頭の形がわかるし、生え際とかそういうのもかわいいし、あと蒸れない。あ、いや蒸れるんですけど、蒸れるけど〇〇に比べたら、あれはあたりまえやと思ってたけど、やっぱりあれはとても蒸れるタイプやったんやって。
＊：あはは（笑）へぇー。いま被ってるかつらはいくらくらいなんですか？

Ａ：これは二十四［万円］。そんなに安くはない。けどー、○○に比べたら十万くらい安いしー。
＊：あー、○○もそれくらいするんだー。
Ａ：三十［万円］ちょっとくらいかなぁ。でもねー、増毛できるんですよー。
＊：なるほどー。
Ａ：増毛したらすっごいきれいになるんですよ。これは増毛できませんーって。わたし、一年くらいしかもたへんと思うー。
＊：あーそうかー。
Ａ：○○のときは二年くらい使ってたんですけどー、そのメリットとデメリットがすごく真逆でー。あとはもう自分がどっちを求めるかー。
（一回目のインタビュー・ＴＳ集一一頁三〜一七行目）

子どもの頃、Ａさんがかつらを「気に食わんかった」理由は、「パーマかけたいなぁとか、編みこみひとつしてもいいよなぁ」といった、髪型でおしゃれを楽しむことができなかったからである。現在のかつらはＡさんの理想に近づいており、安価で質の良いファッション・ウィッグが手に入る現状でも、「自分で選んで」二十四万円のかつらを着用している。「自分の病気は認めつつも卑屈になったりすることは……いまでもすっごいある」。それでもＡさんは、「自分の顔と自分の好みの服」に似合う「思い通り」の髪型で、「もっとかわいく」なるために、かつらの着用を続けているのである。

Ａ：自分の病気は認めつつも卑屈になったりすることは……いまでもすっごいあるー。
＊：うんうん。
Ａ：これ［かつら］もすっごい気に食わんかった最初は。そもそもないから髪の毛がー（笑）なんやろーもっとかわいくなりたいって。もっとかわいくなりたい、もっとかわいくなれたはずやのにーって……そこがすごいあるー。
（一回目のインタビュー・ＴＳ集一二頁四七〜五一行目）

２－４「下着をつけるのと同じ感覚」——Ｂさんの事例

Ｂさんは、一九六〇年代後半生まれの女性である。会社員として勤務しながら、夫と息子の三人で暮らしている。円形脱毛症を発症したのは、中学一年生の春だった。当時の「記憶は古すぎてない」が、自宅でテレビを見ているときに、Ｂさんの後頭部にできた小さな円形脱毛を見つけた母親が「あれっ？」と言ったことは覚えている。当初は、脱毛部分を覆うように地毛をピンで固定することで隠せていたが、次第にピンの数は増えていった。すぐに病院で治療を受け始め、発症一年後に完治したが、十七歳のときに再発した。

かつらの着用を始めたのは、脱毛が「隠しきれない状態」になった高校三年生の終わり頃だった。学校に「行きたくないんだけど、行かなきゃみたいな感じの状態になってた」ときに、母親がどこかからかつらを買ってきてくれた。それ以降Bさんは、基本的にかつらを「外さない生活」を送るようになる。

B：基本、［かつらを］外さない生活をしていたので（笑）

＊：そう、そうなんですよね！（笑）

B：そうそう（笑）まあ寝るとき以外は、家に一人でいるときも外さないで生活していたので。

＊：一人でいてもですか？

B：うんうん。家の中に私一人しかいなくても。

＊：へぇー（笑）

B：そう、あはは（笑）だから、あんまりそういうつらさがなかったのね。みんなは温泉に行くのがつらいとか言ってるじゃない？　でもそういうのはなかった。

＊：ないんだ（笑）あははは、それがふつうだから（笑）

B：そうそう（笑）それがふつうなのよ、暑いのもふつうなのよ（笑）

（一回目のインタビュー・TS集二頁三五〜四五行目）

学校でプールの授業があるときは、母親が連絡帳で「かつらを着用している」と事情を伝え、いつも見学していた。体育の先生には、「保健室で着替えてもいい」、「別に入っても問題ないから入りなさい」と言われていたが、当時のBさんは、一度濡らすとなかなか乾かない人毛のかつらを「濡らしちゃいけない」と思っていた。

Bさんには、小学校から専門学校までずっと一緒の学校に通った仲のよい同性の友人たちがいた。彼女たちは、髪が抜けて行く過程を側で見ていて、「理解してくれて」いた。「すごく信頼できる友達」で、「守ってくれたりとか、盾になってくれたりするわけじゃない」が、「普通に接してくれることによって助けられた」。だが当時は、そのような彼女たちに対してでさえも、「壁を作ってしまう自分」がいた。

B：高校卒業して専門学校に行ったんですけど、頭だけだったけど、全頭だったけど、もう全然だめだった。治療しても。その時は年齢も、まあ一番恋愛したいとかそういう年齢だったので、なんか友達といるときは、ちょっとこう壁を作ってしまう自分がいるってていうのかな。

＊：あー、壁を作っちゃう。

B：うん……たぶんそうだったんだろうって、いま思うと。

B：当時は何でも話せるし、けんかもするし、すごく信頼できる友達だったと思うし、いまもその子たちとの交流は続いているんだけれど、でも自分はどこかで壁を作っていたんじゃないのかなっていう。

＊：へぇー。

（一回目のインタビュー・TS集二頁四〜一一行目）

彼女たちとは温泉旅行などにも一緒に行っていたが、かつらを外すことはなかった。当事者のなかには、かつらを着用していては温泉に行けない、かつらを着用したまま温泉に入るのは暑くてつらいという人もいるが、Bさんに「そういうつらさ」はなく、「暑いのもふつう」だった。

専門学校卒業後は一般企業に就職し、その後結婚、出産している。夫には、結婚前に病気でかつらを着用していると話していたが、これまで一度もかつらを外した頭を見せたことはない。結婚後は、就寝時もかつらを着用し、外すのは一人で入浴するときだけだった。また、出産時に入院した病院では「一週間ずっとつけっぱなし」で、分娩室でもかつらを着用したままだったが、Bさんはそれが「ふつう」だと思っていた。

それが三十一歳のとき、治療情報を求めて入会した当事者会を通して、家の中ではかつらを外し、帽子やバンダナを着用したり、タオルを巻いて生活している当事者たちと出会い、「え、［かつらを］取ってるの⁉」「そういうもんだったの⁉」と「結構びっくり」する。他の当事者に、家の中でもかつらを着用していると話すと、「大変じゃない⁉」と「逆にびっくりされた」。その後、実際に家の中ではかつらを外し、タオルやナイトキャップを着用して生活してみると、「すごい楽」だということに気づいた。

さらに、当時小学生だった息子をつれて参加した当事者女性たちとの宿泊旅行は、それまでかつらを外した姿を見せることはおろか、話すことさえしていなかった息子に、病気で髪がなく、かつらを着用しているという事実を話す契機になった。このようにBさんは、当事者会での活動を通じて、それまでは「それがふつうだと思っていた」ことが、次々と覆されていったのである。

その後、Bさんは三十四歳のときに治療を受けるのをやめている。引っ越しを機に病院が変わり、その病院で治療を受けるには、仕事を休まなければならなくなった。そこで、治療の継続の有無について医師に相談したところ、「いったん治療をやめるのも選択肢のひとつだよ」と言われた。この話を聞いて、Bさんは治療を「やめてもいいんだ」と、気持ちが「ちょっと楽になった」。

また、四十代になるまでは、五十万円するオーダーメイドのかつらを二年おきに購入しなければならないことに対して、経済的負担を感じていた。それがいまは、大手かつらメーカーから独立して起業した個人のかつら屋さんで、オーダーメイドのかつらを十五万円で購入することができている。とはいえ、かつらの支払いをするときは、「はぁーまた使うのか」と、「一番落ち込む」。それでも、「一年間美容院にまめに通う」と「考えれば、ちょっとは心が楽」になる。

B：十五万でも高いと思うけど、でも一年間美容院にまめに通うと思えば、そんなに高くないかなって。
＊：そうかぁ、確かにそうだなぁ。
B：ちょっと高級なね、青山あたりの美容院に毎月行ってれば（笑）
＊：あーうんうん。行って、トリートメントとかしてれば、みたいな（笑）
B：そうそうそうそう（笑）そうすれば一回一万なんて軽く取られちゃうから、そうやって考えればね（笑）
＊：確かに。そうかぁ、なるほどね。
B：そう。まあね、一回に出る金額が大きいからね。
＊：あーうんうん。一回にぽんってね。
B：そうそう。大変だけど、でもそう考えれば、ちょっとは心が楽かなっていう感じかな。
（二回目のインタビュー・TS集九頁一五〜二五行目）

現在も継続して会の活動に参加しているBさんにとって、当事者会は「病気である自分っていうのを隠さなくていい」「それを気にしなくていい」、リラックスできる場所である。当事者仲間とは、温泉旅行や泊りがけのレジャーにもよく一緒に行っている。そのようなとき、宿泊先の旅館やホテルの部屋で、かつらを外したり、髪がない頭を見せたりしている当事者もいるが、Bさんは「私は取ることも見せることもしない」という。

さらに彼女は、「家族に隠してもしょうがないなとは思うんだけど」と付け加えた上で、髪がない頭を家族にも「一生見せない」理由を次のように語っていた。

B：治療もしてないし、たぶんね、治ることはないと思うんですよ。でもたぶん、病気を受け入れてないんだと思う。自分のなかで諦めてる自分はいるし、頭のなかでは受け入れてるつもりなんだけど、すごく深いところでは認めてないんだと思う。認めたくない。だからたぶん見せない。

（一回目のインタビュー・TS集六頁三七～三九行目）

このようにBさんは、「治療もしてないし」「自分のなかで諦めてる自分はいる」が、「病気を」「すごく深いところでは認めてない」という。続けて、思春期の頃の話を引き合いに出しながら、次のように語っていた。

B：女の子だったらおしゃれも楽しめただろうにっていう年齢の時に、そうではない自分がいたから。特に、わたしなんかの時代は、いまみたいに安いウィッグとかもなかったし、安いものっていったら、パーティーの「仮装用のかつら」とかね（笑）ああいうのしかないし。

＊：ああ、わかりますわかります（笑）

B：本当になんていうの、質も良くなってるし、情報もあるし、そんな高いもの買わなくても良くなったし。でもそうではなかったし、おしゃれもできなかったし（中略）やっぱりそこで学生時代も楽しめてなかったのかもしれない。もっと楽しみたかったっていうのもある。おしゃれしたかったとか恋愛に関してもそうですけど。そういうのも、もうだめだって思っちゃってたから。

（一回目のインタビュー・TS集六頁四一行目～七頁五行目）

このようにBさんは、「もっと楽しみたかった」「おしゃれしたかった」という原体験があるために、「髪がない」という事実を「認めたくない」。そのような彼女は、「下着をつけるのと同じ感覚」でかつらの着用を続けているのである。

B：たぶん下着をつけるのと同じ感覚かな。

＊：あーうんうん、わかりますわかります、それすごく。

B：だから家の中では素っ裸でいないから。パンツは履くでしょ？　っていう。

＊：うんうん、そうですよね。

B：そんな感覚かな。

（一回目のインタビュー・TS集一六頁三〇～三四行目）

3 考察

3－1 パッシング以後の「生きづらさ」

前章では、事例ごとに、発症以降現在に至るまでのプロセスを通時的に追ってきた。先述したように、本稿で取り上げた事例の特徴は、かつらの着用によって生じる問題が「たいした問題ではない」と語られ、パッシング以後の「生きづらさ」がほとんど語られないことである。

これまで筆者が、円形脱毛症の女性への聞き取り調査を通して報告しているパッシングによって生じる問題とは、例えば次のようなものである。髪がない「本当の自分」を隠しているという「負い目」や精神的負担、かつらを長時間着用することによる身体的苦痛（暑さや蒸れによって生じる皮膚湿疹のかゆみ、かぶれ、頭痛や肩こりの慢性化）、二、三年に一度買い替えが必要なかつらの経済的負担（近年では安価で質の良い化繊のファッション・ウィッグも手に入りやすくなかったが、大手メーカーのオーダーメイドのかつらは三十万〜五十万円し、医療費控除や保険の対象にはならない）、かつらの着用に対する嘲笑やいじめによる就学や就職、勤続の困難、プールや温泉、遊園地などのレジャーや、泊りがけの旅行に参加しにくいなどの活動制約である。さらに、若い当事者のなかには、恋愛や結婚をできないものとして諦めてしまっている女性もいる（吉村 2013, 2015; Yoshimura 2014）。

AさんとBさんも、パッシングによって生じる問題をまったく語らなかったわけではない。例えばAさんは、「隠すようになってからのほうが気にするようになった」といい、中学生のときにとくに感じていた「自己否定感」を語っていた。学校ではいじめもなく、仲の良い友達もいて、「楽しいっちゃ楽しかった」が、当時は「自分には髪の毛がない」こと、そしてそれが「笑いの対象」になることを「ものすごく強調して感じて」いた。

また、高校生になると「女子としての自己肯定感」が低くなっていた。髪の毛がない自分は「かわいくない」、「だから全然誰からも好かれない」と思い、「自分のことがすごく嫌い」だった。当時着用していたかつらが、自分の思い通りの髪型にならないことに対しても、日常的に「すごくイライラ」していた。さらに、かつらの着用が「ネック」となって、志望していた仕事への就職を諦めざるを得なかった。

それが、やりがいのある仕事や、異性から「女性」として承認されるという経験を通して自分に自信がつき、自己肯定感が向上していた。また、以前使っていたかつらよりも品質の良いかつらを手軽に入手できるようになったことで、自分の思い通りに近い髪型で、おしゃれを楽しめるようになっていた。

対してBさんは、Aさんの語り方とはやや異なる。というのもBさんは、当事者会に入会する三十一歳まで、「基本的に［かつらを］外さない生活」をしており、常にかつらを着用しているのが「ふつう」だったからである。それでも、高校生のときは、一度濡らすとなかなか乾かない人毛のかつらを「濡らしちゃいけない」と思い、プールの授業に参加することができなかった。また当時は、「すごく信頼できる友達」に対しても、「壁を作ってしまう自分」がいた。

それが入会後、家の中ではかつらを外して生活している当事者たちとの出会いを通して、かつらを外すと「すごい楽」だということに気づいた。それまでは「ふつう」だと思っていたことが、実は「大変」だったのだと、Bさんは逆に認識することができるようになったのである。また当事者会に参加したことで、それ以前は「病気で髪がなく、かつらを着用している」と話すことさえしていなかった息子に、その事実を打ち明ける契機にもなっていた。

3-2「カツラ」から「ウィッグ」へ

たしかに、現状でもかつらの着用によって「暑さ」や「蒸れ」、「窮屈さ」という身体的苦痛や、かつらの購入費用に対して経済的負担を感じることはある。それでも、彼女たちはそれらを「生きづらさ」とは語らない。それは彼女たちがパッシングを、女性の「ハゲ」や「病気」というスティグマの隠蔽（＝「カツラ」）ではなく、「ふつうの女性」も行うおしゃれや身だしなみ（＝「ウィッグ」）と捉えているからである。

つまり彼女たちは、「病気で髪がない」という「まだ暴露されていないが〔暴露されれば〕信頼を失うことになる自己についての情報の管理／操作」（Goffman 1963=2001: 81）としてではなく、むしろ「社会生活を織り成すさまざまな条件のなかで生ずるやもしれない露見や破滅の危険に備えながら、自分が選択した性別で生きていく権利を達成し、それを確保していく作業」（Garfinkel 1967=1987: 246）として、かつらを着用しているのである。

付言すると、彼女たちは当初から後者の意味合いでかつらを着用していたわけではない。事例の検討から、パッシングの意味づけが「カツラ」から「ウィッグ」へと変化した契機には、治療の放棄が大きく関わっているといえるだろう。つまり、治療によって「なんとか髪を生やしたい」と思っていた当時の彼女たちにとって、かつらの着用は「（passedと表現できるような）一回完結型のエピソード的パッシング」であったのに対し、治療を放棄したあとのそれは、まさに「（passingと表現できるような）継続的なもの」へと変化したのである（樫田 1991: 78）。

したがって、彼女たちにとってパッシングは、必ずしも「息を殺して生きる」ことにはつながっていない。むしろそれは、おしゃれや身だしなみに配慮する「女らしさ」の主体的実践として捉えられており、「ふつうの女性」と同じように、「かわいく」「女らしく」生きるための手段として語られるのである（表1）。

表1　パッシングの意味づけの違い

「カツラ」	「ウィッグ」
・ゴフマン流の印象操作 ・一回完結型のエピソード的なもの（passed） ・病人が行う特別なこと ≒スティグマの対象 ↓ 「生きづらさ」大	・ガーフィンケル流の通過作業 ・継続的なもの（passing） ・「ふつうの女性」も行うおしゃれや身だしなみ ≒スティグマの対象ではない ↓ 「生きづらさ」小

4　おわりに

以上の考察から、彼女たちは「病気にかかった特別な人がすること」ではなく、「ふつうの女性ならだれもが行うおしゃれや身だしなみ」としてかつらを着用し、そのことによって「かわいく」「女らしく」生きることに喜びを見出していた。

西倉によれば、顔にあざのある女性たちは「美しい／美しくない」という文脈ではなく、「ふつう／ふつうではない」という文脈で「生きづらさ」を語っていたという（西倉 2009）。だが、本稿で事例の検討を行った女性たちは、「ふつう／ふつうではない」という文脈をむしろ回避し、かつらの着用によって「ふつう」の外見を獲得することを前提として、「かわいい／かわいくない」「女らしい／女らしくない」という文脈で語っていた。

つまり彼女たちは、病気や障害という社会問題として承認されやすい文脈ではなく、むしろ多くの女性たちが日常的に感じている「おしゃれや身だしなみの面倒さ」に関係する文脈で捉えることによって、パッシング以後の「生きづらさ」を解消させていたのである。

［注］

［1］円形脱毛症は、後天性脱毛症の中で最も頻度の高い皮膚疾患とされている。一般的には、「十円ハゲ」という俗称とともに、軽度の疾患として認知されているが、重度の場合には、まつ毛、眉毛を含めた全身の体毛が抜け落ちる（荒瀬ほか 2010）。これまでその原因については、精神的ストレス、自己免疫疾患、遺伝的素因などさまざまに言われてきたが、いまだ原因は特定されておらず、根本的な治療法はない（成澤監修 2010: 4）。

［2］この「特定の他者に向けた開示」（西倉 2009: 267）は、「社会の大多数に対してはパッシングしながら、ごく身近な他者にだけ（そうすることで事態がかえって悪化する可能性を恐れながらやっとの思いで）自己の問題経験を表明し、それを理解したうえでの行動を要求するというきわめて個人的で局所的な対処法である」（西倉 2009: 271–272）。

［3］当事者会に所属する会員のなかには、同居する家族に対しても打ち明けていない人もいる。したがって、当事者会が発行している会報を各会員の自宅宛てに郵送する際の封筒には、カモの一種で、英語でスキンヘッドの人の意味をもつ「緋鳥鴨（ひどりがも：baldpate）」にちなんで名づけられた「ひどりがもの会」という通称が用いられている（ひどりがもの会・阿部編 2001: 14）。

［4］同会は、一九七五年に「円形脱毛症の子を持つ母親の会」として、かつら製造メーカーの支援のもと発足し、一九九六年七月に「円形脱毛症を考える会」と改称した当事者会で、全国におよそ一五〇名の会員を有している。会の主な活動としては、年二回の「医療セミナー」（皮膚科医による脱毛症のメカニズムと治療に関する講演会で、東京と地方都市で各一回開催されている）、年一回の「親がも会」（脱毛症の子をもつ親の会）のほか、現在は年五回、会報『このゆびとまれ』を発行している。筆者は二〇一二年六月に入会し、以降二〇一六年七月現在まで継続して参与している。インタビュー調査は二〇一二年十月に開始し、これまで当事者とその家族およそ五十名に協力を得ている。

［5］実際、筆者が会報『このゆびとまれ』に掲載してもらったインタビュー調査協力者の募集に対しては、成人後に発症した当事者からのリアクションが多く、幼少発症の当事者からの返信はほとんどなかった。返信をくれた成人発症の女性たちは、自分の経験について語る機会はこれまでほとんどなく、インタビューに応じることは自分のためにもなるだろう、それがなにか研究の役に立つのであれば是非調査に協力したいと申し出てくれた。

［6］Aさん、Bさんに対して個別に行ったインタビューの詳細は、以下の通りである。Aさんへのインタビューは、二〇一四年四月二十八日にカフェで行った。所要時間は三時間半だった。Bさんへのインタビューは、二〇一三年八月十日と二〇一六年二月二日にレストランで行った。所要時間は、一回目は一時間半、二回目は二時間半だった。いずれのインタビューも、本人の許可を得てICレコーダーに録音し、のちほど文字に起こした。以下本文中、トランスクリプトからの引用における＊は調査者の発話を、ブラケット［　］は筆者による内容の補足であることを示している。対象者のプライバシーに配慮し、氏名はアルファベットで表記し、語りに登場した固有名詞も任意の記号に置き換えてある。なお、インタビュー・データの抜粋に際しては、その都度、〇回目のインタビュー・トランスクリプト（TS）集〇頁〇～〇行目と表記する。

［文献］

荒瀬誠治ほか、二〇一〇、「日本皮膚科学会円形脱毛症診療ガイドライン」『日本皮膚科学会雑誌』一二〇（九）：一八四一―一八五九。

円形脱毛症を考える会編、二〇〇五、『あなただけではない円形脱毛症――よい患者・医者選び』同時代社。

Garfinkel, H., 1967, "Passing and the Managed Achievement of Sex Status in an 'Intersexed Person' Part1 an Abridge Version," *Studies in Ethnomrthodology*, Prentice-Hall: 116–185.（＝一九

八七、「アグネス、彼女はいかにして女になりつづけたか――ある両性的人間の女性としての通過作業とその社会的地位の操作的達成」[抄訳] 山田富秋・好井裕明・山崎敬一編訳、『エスノメソドロジー――社会学的思考の解体』せりか書房、二一七―二九五）

Goffman, E., 1963, *Stigma: Notes on the Management of Spoiled Identity*, Prentice-Hall, Inc.（=二〇〇一、石黒毅訳『スティグマの社会学――烙印を押されたアイデンティティ』せりか書房）

ひどりがもの会・阿部更織編、二〇〇一、『誰も知らない円形脱毛症』同時代社。

Hoffmann, C., 2006, *Breaking the Silence on Women's Hair Loss: a Proactive Guide to Finding Help*, Woodland Publishing.

石井政之、二〇〇一、『迷いの体――ボディイメージの揺らぎと生きる』三輪書店。

樫田美雄、一九九一、「アグネス論文における〈非ゲーム的パッシング〉の意味――エスノメソドロジーの現象理解についての若干の考察」『年報筑波社会学』三：七四―九八。

中島荘吉・中山雅史、二〇〇二、「『かつら』と患者の心理――Q.O.L.を考える」『日本香粧品学会誌』二六（二）：八一―三二。

成澤寛監修、二〇一〇、「円形脱毛症とは――メカニズムと治療法」『マイフェイス』二：四。

西倉実季、二〇〇五、「カムフラージュメイクは万能ではない――顔に疾患のある当事者へのインタビュー調査から」『コスメトロジー研究報告』一三：五七―六三。

――、二〇〇九、『顔にあざのある女性たち――「問題経験の語り」の社会学』生活書院。

Riley, C., 2009, "Women, Hair and Identity: The Social Processes of Alopecia," Supervised by Dt. Kiran Cunningham, Department of Anthropology and Sociology, a paper submitted in partial fulfillment of the requirements for the degree of Bachelor of arts in Kalamazoo College.

須長史生、一九九九、『ハゲを生きる――外見と男らしさの社会学』勁草書房。

Synnott, A., 1993, *The Body Social: Symbolism, Self and Society*, New York, Routledge.（=1997, 高橋勇太訳『ボディ・ソシアル――身体と感覚の社会学』筑摩書房）

Weitz, R., 2005, *Rapunzel's Daughters: What Women's Hair Tells Us about Women's Lives*, New York, Farrar, Straus, and Giroux.

吉村さやか、二〇一三、「女性の『髪』の喪失――身体とジェンダー」『聖心女子大学大学院論集』三五（二）：六二―四四。

――、二〇一五、「なぜ彼女は『さらす』のか――髪を喪失した女性のライフストーリー」『日本オーラル・ヒストリー研究』一一：二六九―二九二。

Yoshimura, S., 2014, "*Women's Hair Loss from the Perspectives of Body and Gender*," X VIII ISA World Congress of Sociology 報告原稿。（二〇一四年七月十九日　於横浜国際平和会議場パシフィコ横浜）

（原稿受付二〇一六年二月一日、掲載決定二〇一六年七月十三日）

From "Katsura" to "Wig": Resolution of difficulty by changing the meaning of passing

YOSHIMURA, Sayaka
University of the Sacred Heart, Tokyo

This research focused on bald women with alopecia areata who tell, "I just have to wear a wig, there is no problem." The purpose of this paper is to clarify their coping strategies for handling problems after passing.

Findings revealed that they continued to face some problems because of passing, but they did not express their difficulties because they did not consider passing as "a special coping for patients" (=Katsura), but viewed it as "fashionable for normal women" (=Wig). Thus, passing was a "feminine practice" for them, such as "fashion" or "taking care of their appearance." It did not symbolize "living with bated breath."

In conclusion, the participants resolved difficulties, not by relating with the context of the disease or disability, but by focusing on the fashion or appearance of normal women.

Key words: passing, katsura, wig

(Received February 1, 2016 / Accepted July 13, 2016)

子づれシングル女性の生きづらさ

——奈良市ひとり親家庭等実態調査より

神原文子（神戸学院大学）

本稿では、「子どもを養育しているシングルの一生活者」である子づれシングル女性に焦点をあてて、彼女たちが体験する「生きづらさ」の特徴を捉えるとともに、「生きづらさ」に影響する諸要因について検討する。最初に、既存研究から「生きづらさ」に関する状況定義を整理したうえで、子づれシングル女性の「生きづらさ」に関する「生活諸資源欠乏」命題群、「生活実現不達成」命題群、「適切なつながり欠如」命題群、および、「存在価値不確かさ」命題群を構成した。次いで、「二〇一一年奈良市ひとり親家庭等実態調査」における母子世帯一一七一人のデータを用いて，生活意識に関する十項目の因子分析により、「絶望感」、「疲弊感」、「重圧感」という「生きづらさ」要素を析出した。生活関連諸項目を独立変数とし、絶望感、疲弊感、重圧感を従属変数とする重回帰分析の結果、絶望感、疲弊感、重圧感のいずれにも影響する要因について、以下のような知見を得た。すなわち、①ひとり親になった直後と比べて経済状況が悪くなっていること、②生活費に関する悩みや対人関係に関する悩みがあり、悩みの数が多いほど、また、悩みがあっても適当な相談相手がいないこと、③ひとり親であるということや貧困であることなどにより差別や偏見を受けても解決されていないこと、である。

キーワード：子づれシングル女性、生きづらさ、奈良市ひとり親家庭等実態調査

1　問題意識

近年、ようやく、ひとり親世帯の貧困問題にも社会的関心が向けられるようになってきた。厚生労働省の発表による二〇一二年の子どもの貧困率は一六・三％であるが、「子どもがいる現役世帯のうち、大人が一人の世帯の子どもの貧困

率」は五四・六％と跳ね上がっている。[1] ここでいう「大人が一人の世帯」の大半が母子世帯である。このような結果をふまえ、政府は、子どもの貧困対策を進めるうえで、ひとり親世帯への就労支援策や経済支援策を、二〇一六年度から幾分改善した。[2] たしかに、ひとり親世帯に対する就労支援策や経済支援策の改善は好ましいには違いない。しかし、経済的な貧困対策に力点がおかれることにより、ひとり親世帯が抱えている、貧困対策では掬えない他のさまざまな生活困難やそれに起因する「生きづらさ」の問題は、貧困対策の外に放置されたままになってしまうのではないかと危惧される。

政府やどこかの自治体が、ひとり親世帯の「生きづらさ」対策を行っているという情報をこれまで耳にしたことはない。ひとり親世帯の親や子どもの「生きづらさ」に関する実態調査についても寡聞にして存じ上げない。しかし、ひとり親世帯の親と子どもの「生きづらさ」についての実態把握は、当事者の視点に立った、より実効性のある支援策を講じるうえで緊要な課題であると考える。

本稿では、①「生きづらさ」概念について検討したうえで、②「子どもを養育しているシングルの一生活者」を意味する「子づれシングル」の女性たちに焦点をあてて（神原 2010: 4）、その「生きづらさ」に関わる命題を構成し、③量的データを用いて、子づれシングル女性の「生きづらさ」の特徴を捉え、④「生きづらさ」に影響する諸要因を探索的に検討する。

2 「生きづらさ」とは

二〇〇〇年以降、心理学、教育学、精神医学、社会学、社会運動など、広範な分野の専門家たちが「生きづらさ」について論及するようになった。「生きづらさ」に関する種々の論説を検討した結果、「生きづらさ」の諸相は、以下に示す範域(1)から範域(7)における、状況定義Ⅰから状況定義ⅩⅥに整理することができる（神原 2011）。

範域(1)「生きづらさ」は、さまざまな「問題」をかかえた当事者の困難な状況として捉えられてきたが、いずれにも共通して、個人的なことがらではなく、個々人のパーソナリティ次元と社会的次元の接点に立ち現れる体験であると解されている。

範域(2)アマルティア・センのいう「潜在能力」（capability）（Sen 1992=1999）や、湯浅誠が「溜め」（湯浅 2008: 78-82）という独自な用語で捉えようとした、生き方を自由に選択できるための基本的諸条件、それらが失われたり奪われたりしている状態を、仮に「生活困難」と呼ぶなら、「生きづらさ」は生活困難と密接な関連がある。

範域(3)「生活困難」となる要因を、①金銭、物財、人的資源、情報などの生活諸資源の欠乏、②現在および将来における自分の望む生き方の不達成、③人間関係における適切なつながりの欠如、④自らの存在価値の不確かさ、と整理することができる。それぞれ、①「生活諸資源の欠乏」、②「生活実現の不達成[3]」、③「適切なつながりの欠如[4]」、そして、④「存在価値の不確かさ」と呼ぼう。ちなみに、神原文子は、「生活実現の充足に必要なライフチャンスの程度」を「生活自立」という概念で捉えているが（神原 2010: 192-193）、「生活困難」とは、「生活自立」が当の生活者にとって許容基準に達していない状態、すなわち、「生活自立とみなせない状態」と近似した概念と捉えることができよう。

範域(4)「生活諸資源の欠乏」に関する範域である。湯浅が指摘するような、「うっかり足を滑らせたら、どこにも引っかかることなく、最後まで滑り落ちてしまう」という「すべり台社会」においては（湯浅 2008: 30）、だれであれ、一度、貧困に陥ると、抜け出すことは容易ではなく、やがて、金銭も物財も枯渇し、住居さえも確保できなくなりかねない。〈状況定義Ⅰ　一度、貧困に陥ると抜け出せずに、最低限の生活資源さえ枯渇してしまう〉状況の「生きづらさ」である。しかし、新自由主義的な価値観が支配的な社会では、社会的排除は放置され、貧困のような生活困難は自己責任とみなされ、自立できないでいる人間は「社会に迷惑をかける存在」、あるいは、「社会のお荷物」として疎まれる風潮が強くなる（中西 2009: 8）。だれであれ、不運にして、〈状況定義Ⅱ　働いて収入を得ることができないために貧困から脱するすべがない〉のは「生きづらい」に違いない。貧困から抜け出したいと親族、知人、公的機関などに援助を求めても相手にされず、〈状況定義Ⅲ　貧困から脱しようとしても、どこにも頼るところがなく孤立する〉ことも「生きづらさ」となる。のみならず、貧困は自己責任とみなされる風潮が強ければ、援助を求めることが憚られることから、〈状況定義Ⅳ　貧困であることで人間としての自信や誇りが失われてもなすすべがない〉という「生きづらさ」となる。

範域(5)「生活実現の不達成」に関する範域である。〈状況定義Ⅴ（鬱状態や過労死になりかねないほど）無理をして働き続けても、生活実現の達成どころか、最低限の生活を維持することさえ厳しい〉となれば、「生きづらさ」が実感される。にもかかわらず、萱野稔人が指摘するように、「『がんばれば何とかなる』『もっと努力しろ』とかいうのは、当事者を追いつめるだけで、事態を悪化させることにしかならない」のであり（雨宮・萱野 2008: 188）、〈状況定義Ⅵ「がんばれ」「もっと努力しろ」と叱咤激励されて追い詰められる〉ことも「生きづらい」のである。

　他方、草柳千早が指摘するような、現代社会では、個人のより快適で幸福な生の追求が尊重されることになっているが、恋愛・性・結婚・家族について社会が許容しない、あるいは、許容に消極的な多様性を体現すると、「逸脱」と定義されることになり、「生きづらさ」の体験となる（草柳 2004: 95）。すなわち、〈状況定義Ⅶ　個人のより快適で幸福な生の追求が「逸脱」と定義される〉「生きづらさ」である。草柳は、このような「生きづらさ」が、「社会問題」として「クレイム申し立て」されることによる社会秩序の変化を拒む社会的な力の作用について考察しているが、自分に抑制を強要する社会秩序のもとでは、〈状況定義Ⅷ　自らの存在価値を隠して、〝偽り〟の自己を無理して演じ続けなければならない〉という「生きづらさ」の体験となりやすい（草柳 2004: viii）。

　範域(6)「適切なつながりの欠如」に関する範域である。雨宮処凛は、萱野との対談のなかで、中学生の時に、いじめられないためには、空気を読んでうまくたちまわらないといけないが、「空気を読んでいる時、教室内や部活内のいじめがいつ自分にくるだろう、と日々ビクビクして過ごしていた時」が、一番きつかったと語っている（雨宮・萱野 2008: 30）。すなわち、〈状況定義Ⅸ　集団生活のなかで、いじめられないように、空気を読みながら、不安と恐怖と緊張のなかで過ごさなければならない〉という「生きづらさ」である。

　現代の若者の友だち関係を、土井隆義は「友だち地獄」と捉え（土井 2008）、「彼らの『優しい関係』は、その外部へ一時的に避難することも、その内部で孤高にふるまうことも、どちらも認めない強い圧力をもっている。だから、他の人間関係へ乗り換えることも難しいし、ひとりで生活していくことも難しい」と説く（土井 2008: 102）。すなわち、〈状況定義Ⅹ　自分が選ぶ友だちから関心を持たれるかどうかに注意を払い続けなければならない〉ことも、〈状況定義ⅩⅠ　どんなに傷ついても、無理をして「つながり」を保持し続けなければならない〉ことも、「適切なつながりの欠如」に起因する「生きづらさ」となる。

　範域(7)「存在価値の不確かさ」に関する範域である。萱野が指摘するように、自分の存在が他者からの承認に依存している度合が高いと、他者との間にズレやコンフリクトが生まれることで、他者からうっとうしがられたり見切られたりすることを極度に恐れるあまり、〈状況定義ⅩⅡ　自分の存在価値に対する証明を他者に求めて、無理にでも他者に同調してしまう〉という「生きづらさ」となる（雨宮・萱野 2008: 36）。しかし、他者からの承認を得るためのハードルがどんどん高くなるなかで〈状況定義ⅩⅢ　自分の存在価値に対する他者からの証明が困難になると、自分を肯定的に評価できなくなる〉という「生きづらさ」の体験となる（雨宮・萱野 2008: 39）。

心理学者の松本学は、自らの経験もふまえて、「顔の違い」[5]が、「ふつう」の範疇を超えるVisible Difference（可視的相違、以下ＶＤ）の状態であると、もはやこれを生活の一部とは扱われず、なにか触れてはいけない特殊なものとされたり、好奇心や嫌悪の対象とされたりする「しんどさ」、すなわち、〈状況定義ⅩⅣ　日常的に、「顔の違い」に対する無礼な対応や差別を受けている〉ことの「生きづらさ」について問題提起しながら（松本 2006: 130）、支援のなさ自体も「しんどさ」の一つと指摘する（松本 2004: 235）。〈状況定義ⅩⅤ「顔の違い」に対する無礼な対応や差別を受けても誰も支援してくれない〉という「適切なつながりの欠如」による「生きづらさ」である。また、「顔の違い」への劣等感があるために、自分の能力自体を否定してしまう人も結構いるという（松本2004: 235）。上記の〈状況定義ⅩⅢ〉に相当する「生きづらさ」である。さらに、松本は、ある場面では、「顔の違い」があっても普通であると言われ、ある場面では「普通ではない」とみなされるような、「どっちつかずの常識」ゆえに、自分たちの心理的苦痛や社会的困難が社会的に認められずに隠蔽されていると指摘する（松本 2004: 235–236, 2006: 144）。すなわち、〈状況定義ⅩⅥ「顔の違い」による心理的苦痛や社会的困難が社会的に認められずに隠蔽されている〉ことも「生きづらさ」の体験となる。

以上の、範域(1)から範域(7)における、状況定義Ⅰから状況定義ⅩⅥにまとめられた先行研究をふまえると、「生きづらさ」とは、「生活者が何らかの生活困難に陥り、あらゆる手立てを講じても事態は改善せず、抑圧状態であり、行き詰まり状態になる」ことと定義される（神原 2011: 16）。

さて、山下美紀は、現代社会における子どもの「生きづらさ」に着目し、生活システム論的アプローチに依拠して、生活主体である「子どもが認知した緊張を処理するために、生活システムを変える試みを行っても緊張処理が実現せず、現状では緊張処理の可能性が見いだせない」状況と定義している（山下 2012: 69）。そのうえで、中学生を対象に「生きづらさ」に関するアンケート調査を実施し、「生きづらさ」尺度を構成して生きづらさを増減させる諸条件について知見を導いている（山下 2012: 166–175）。山下の定義における「緊張」は、本稿における「生活困難」とほぼ等価である。

加えて、「生きづらさ」は、「生活者が生活困難に陥らないように、あるいは、生活困難から脱するために無理をし続けても、もはや限界に達しており、もうこれ以上、持ちこたえることは困難となる」状況においても体験される（神原 2011: 16）。

3　子づれシングル女性の「生きづらさ」に関する命題

それでは、子づれシングル女性の「生きづらさ」はどのように捉えられるだろうか。前述の「生きづらさ」に関する状況定義をふまえながら、子づれシングル女性の「生きづらさ」について、命題群を構成したい。

3-1　「生活資源欠乏」命題群

ひとり親世帯の貧困率は確かに高いが、貧困世帯がいずれも「生きづらい」状況にあるわけではない。蓄えがなく、就労収入も乏しく、貧困状態になっても、身近に援助を期待できる人がいたり、適用される福祉制度があったりして、〝なんとかなる〟と思うことができれば、「生きづらさ」を体験しないで済む。しかし、〈状況定義Ⅰ〉のように、貧困に陥って、最低限の生活資源さえ枯渇してしまったり、〈状況定義Ⅱ〉のように、〝人並みに〟働くことができないために貧困から脱するすべがなく行き詰まってしまったり、あるいは、〈状況定義Ⅲ〉のように、相談したり援助を期待したりできるあてがどこにもないという状況は、「生きづらさ」の体験と言える。のみならず、自己責任を問う風潮が高いなか、子どもに十分な金銭や手間をかけることができないと、〈状況定義Ⅳ〉のように、親である自分自身に対して、自信喪失になったり自己卑下したりする「生きづらさ」となる。

「生活資源欠乏」命題一・一　貧困に陥って、最低限の生活資源さえ枯渇してしまうのは、「生きづらさ」となる。

「生活資源欠乏」命題一・二　〝人並みに〟働くことができないために貧困から脱するすべがなく行き詰まってしまうのは、「生きづらさ」となる。

「生活資源欠乏」命題一・三　貧困から脱しようとしても、相談したり援助を期待したりできるあてがどこにもないと、「生きづらさ」の体験となる。

「生活資源欠乏」命題一・四　親として、子どもに十分な金銭や手間をかけることができないことにより、自信喪失になったり、自己卑下したりすると、「生きづらさ」の体験となる。

3-2　「生活実現不達成」命題群

子づれシングル女性にとって、ひとり親家族になった当初は生活が苦しくとも、頑張れば報われると思うことができれば希望となる（山田 2007）。しかし、〈状況定義Ⅴ〉で示したように、どれだけ頑張り続けても、安定した生活を維持することが難しいとなれば、「生きづらさ」の体験となる。しかも、日々の生活がつらく苦しくとも、〈状況定義Ⅵ〉で示したように、どれほど追い詰められても、目の前の子どもをおいて逃げ出すわけにはいかず、踏みとどまるしかないからこそ、「生きづらい」のである。さらに、経済的困難が解決できないうちに、子どもの教育問題や健康問題など、新たな問題が起こり、解決策が見えないまま心身ともに追い詰められてしまう経験は、状況定義ⅠからⅩⅥに該当しない「生きづらさ」と解される。

日本では、今日でも、未婚での出産は社会的に逸脱とみなされており、その子どもは非嫡出子として、婚姻内で生まれた嫡出子に対して、法的に差別されている。未婚の母となったいきさつはさまざまであっても、身ごもった子どもを中絶することなく、産んで育てている事実に変わりはない。しかし、理由如何に関わりなく、未婚の母という生き方の選択は、〈状況定義Ⅶ〉に相当し、生活実現の達成とは言いがたく、「生きづらさ」となりかねない。

「生活実現不達成」命題二・一　ひとり親世帯になった直後から頑張り続けても、安定した生活を維持することが難しい状況は「生きづらさ」の体験となる。

「生活実現不達成」命題二・二　現状からどれほど逃げ出したくとも、踏みとどまって生きざるをえないのは、「生きづらさ」の体験となる。

「生活実現不達成」命題二・三　日本においては、「未婚の母」という生き方の選択は、社会的に逸脱とみなされているために、「生きづらさ」となりうる。

「生活実現不達成」命題二・四　解決すべき問題が重なるにもかかわらず、いずれも解決できない状況は、「生きづらさ」の体験となる。

3－3　「適切なつながり欠如」命題群

ひとり親家族のなかには、親の離婚をきっかけに、転居、転校、転職、名字の変更などを経験する場合が少なくない。そのため、地域、職場、学校で特別視されたり、ハラスメントの対象になったり、いじめのターゲットになったりしないように、日々、人間関係に気を使うことになると、〈状況定義Ⅸ〉のように、「生きづらさ」の体験となる。また、地域のなかで受け入れられるために、無理をしてＰＴＡや地域の役員を引き受けることによって収入が減少したりすれば、〈状況定義ⅩⅠ〉のように「生きづらさ」の体験となる。他方、元夫のドメスティック・バイオレンスが原因で離婚したものの、元夫が母子を探し回っているようなケースでは（神原 2010: 151–166）、元夫に見つからないように身を隠して不安と恐怖の日々を送らざるをえず、事態が変わらない限り、「生きづらさ」が続くことになる.

「適切なつながり欠如」命題三・一　地域、職場、学校で特別視されたり、ハラスメントの対象になったり、いじめのターゲットになったりしないように、日々、人間関係に気を使うのは「生きづらい」と言える。

「適切なつながり欠如」命題三・二　地域のなかで受け入れられるために、無理をしてPTAや地域の役員を引き受けることによって収入が減少すれば、「生きづらさ」の体験となる。

「適切なつながり欠如」命題三・三　元夫に見つからないように、母子で身を隠して不安と恐怖の日々を送っているのは、「生きづらさ」の体験である。

3-4 「存在価値不確か」命題群

筆者が出会った子づれシングル女性のなかで、離婚や未婚での出産によって子づれシングルになったことを後悔している人は一人もいない。しかし、〈状況定義ⅩⅢ〉のように、離婚や未婚の母に対する社会的マイナスの評価を受けて、子づれシングルである自分を肯定的に受容できないと、「生きづらさ」の体験となる。

子づれシングルや子どもが被る差別や偏見の実態について、これまで、公的に問題にされることは少なかった。二〇〇八年に大阪市が実施した『大阪市ひとり親家庭等実態調査』[6]で、ひとり親家庭が被る差別や偏見の実態が捉えられた。それによると、ひとり親家庭であるということで差別や偏見を被った割合は、母子家庭九二四件のうち三九・六％もあり、差別や偏見があったという回答者三六六人のうち、「就職するとき」四六・二％、「となり近所のうわさ」四五・五％、「住宅を借りるときに」三一・七％、「職場で、上司や仲間から」一九・四％、「子ども同士のいじめ」一六・四％などとなっている。〈状況定義ⅩⅣ〉のように、ひとり親であることで差別や偏見を被っているのは、「生きづらさ」の体験である。しかも、〈状況定義ⅩⅤ〉のように、子づれシングル女性が差別や偏見を被っても、相談できる人や機関もなく、問題が解決されないでいると、「適切なつながり欠如」ゆえの「生きづらさ」の体験となる。さらに、国や多くの自治体においては、ひとり親家族が被っている差別や偏見の実態さえ明らかにされてはおらず、〈状況定義ⅩⅥ〉のように、ひとり親家族が被っている差別や偏見の実態が社会的に認められずに隠蔽されている状況も、「生きづらさ」の体験となる。

他方、これまで、複数の子づれシングル女性から、離婚した事実や母子世帯であるという事実を、親族や隣近所には話せないでごまかしているといった話を聴いた。〈状況定義Ⅷ〉のように、子どもが差別されたりいじめにあったりしないようにという理由から、〝ふつうの〟母親や〝ふつうの〟家族を演じ続ける状況は、生活実現にはほど遠く、「生きづらい」体験であると解される。

「存在価値不確か」命題四・一　離婚や未婚の母に対する社会的マイナスの評価を受けて、子づれシングルである自分を肯定的に評価できないと、「生きづらさ」の体験となる。

「存在価値不確か」命題四・二　子づれシングルであることで差別や偏見を被っているのは、「生きづらさ」の体験である。

「存在価値不確か」命題四・三　子づれシングルと子どもが被る差別や偏見の実態が明らかにされなかったり、なんら防止策が講じられたりしないまま放置されているのは「生きづらさ」の体験となる。

「適切なつながり欠如」命題三・四　差別や偏見を被りながら、相談もできず、解決する手立てもなければ、「生きづらさ」の体験となる。

「生活実現不達成」命題二・五　差別や偏見を回避するために、〝ふつう〟の母親や〝ふつう〟の家族を演じ続けるのは、「生きづらい」と言える。

以上、子づれシングル女性の「生きづらさ」に関わる命題群を構成した。以下では、これらの命題群をふまえながら、量的データを用いて、子づれシングル女性の「生きづらさ」の特徴を捉え、「生きづらさ」に影響を与える諸要因を探索的に検討する。

4　子づれシングル女性の「生きづらさ」を実証する

4-1　子づれシングル女性の生きづらさ分析に用いるデータ

分析に用いるのは、「平成二十三年度奈良市ひとり親家庭等実態調査」[7]の個票データである。このデータを用いる理由は、ひとり親世帯を対象とした無作為抽出法によるサンプル数の比較的大きなデータであり、しかも、ひとり親世帯の生活実態を捉える種々の生活関連項目のみならず、「生きづらさ」や「生きる張りあい」に関わる「現在の生活意識」を問う設問が含まれており、子づれシングル女性の「生きづらさ」研究にとって、他に例がない価値あるデータであると判断されたからである。

本稿では、母子世帯、父子世帯、寡婦のデータのうち、母子世帯母親一一七一人分のデータを用いる。対象者の平均年齢は四〇・四歳である。ひとり親になった理由は、「死別」七・四％、「離別」八一・六％、「未婚・非婚」八・〇％、「その他」一・四％、「不明」一・五％である。平均子ども数は一・六九人、末子の平均年齢は一〇・五歳である。同じ二〇一一年に実施された「平成二十三年度全国母子世帯等調査結果報告」[8]によると、母子世帯母親一六四八人の平均年齢は三九・七歳である。ひとり親になった理由は、「死別」七・五％、「離別」八〇・八％、「未婚の母」七・八％、「遺棄」〇・四％、「行方不明」〇・四％、「その他」三・一％である。平均子ども数は一・五八人、末子の平均年齢は一〇・七歳である。奈良市のデータは、全国データと比較して、対象者の基本属性に大きな偏りはないと判断できる。

4-2 「生きづらさ」の尺度化

「現在の生活意識」を問う十項目は以下のとおりであり、合わせて、上記の子づれシングル女性における「生きづらさ」命題群との関連を示す。すなわち、「a 現在、自分の生活は充実している」（「生活資源欠乏」命題一・一）、「b ひとり親として自信を持って生きている」（「生活資源欠乏」命題一・四）、「c 将来に希望をもっている」（「生活資源欠乏」命題一・二）、「d ありのままの自分を認めてくれる人がいる（「生活資源欠乏」命題一・三）」、「e 今の生活はつらいことのほうが多い」、「f 働いても働いても生活が楽にならない」（「生活実現不達成」命題二・一）、「g 仕事と子育てと精一杯で、心身ともに余裕がない」（「生活実現不達成」命題二・二）、「h いろんなプレッシャーに、押しつぶされそうな気持ちになる」（「適切なつながり欠如」命題三・二）、「i いつもまわりの人の目が気になる」（「適切なつながり欠如」命題三・一）、「j どこまでがんばればよいのかわからない」（「生活実現不達成」命題二・四）であり、五件法で尋ねている。これら十項目は、子づれシングル女性における「生きづらさ」命題群のすべてと対応しているわけではないが、いずれも、「生きづらさ」や「生きづらさ」の逆の「生きる張りあい」に関わる項目であると解釈される。

表1は、現在の生活意識項目の単純集計である。

これらの項目への回答結果を用いて、子づれシングル女性にとっての「生きづらさ」の因子を探るために因子分析の手法を用いる。最初に、これらの項目を、生活意識を測る順序尺度に変換するために、「生きづらさ」に関わる意識を測る項目（e、f、g、h、i、j）については、操作的定義として、「あてはまる」に五、「ややあてはまる」に四、「わからない」に三、「あまりあてはまらない」に二、「あてはまらない」に一の値を与える。また、「生きづらさ」と逆の「生きる張りあい」に関わる意識を測る項目（a、b、c、d）については、それぞれ意味を逆転させて、「生きづらさ」に関わる意識を測る項目に変換するために、「あてはまらない」に五、「あまりあてはまらない」に四、「わからない」に三、「ややあてはまる」に二、「あてはまる」に一と値を与え、項目名の末尾に「（反）」と記すことにする。表1の右端に、順序尺度に変換した各項目の平均値と標準偏差を併記してい

表１　現在の生活意識項目の単純集計　N=1171

現在の生活意識	あてはまる	ややあてはまる	あまりあてはまらない	あてはまらない	わからない	不明	平均値	標準偏差
a 現在、自分の生活は充実している	17.1%	33.9%	19.1%	17.9%	5.2%	6.7%	2.57	1.15
b ひとり親として自信をもって生きている	31.5%	26.6%	16.1%	13.0%	6.5%	6.4%	2.32	1.26
c 将来に希望をもっている	17.8%	19.7%	21.8%	23.8%	10.3%	6.5%	2.88	1.29
d ありのままの自分を認めてくれる人がいる	26.8%	22.5%	13.7%	20.4%	10.4%	6.1%	2.63	1.38
e 今の生活はつらいことのほうが多い	18.2%	20.2%	28.7%	21.1%	5.8%	6.0%	2.75	1.18
f 働いても働いても生活が楽にならない	38.2%	25.9%	10.7%	11.5%	6.9%	6.8%	2.18	1.29
g 仕事と子育てと精一杯で、心身ともに余裕がない	31.7%	30.1%	15.7%	12.5%	3.6%	6.5%	2.21	1.16
h いろんなプレッシャーに、押しつぶされそうな気持ちになる	35.0%	26.8%	17.1%	12.6%	2.7%	5.8%	2.16	1.15
i いつもまわりの人の目が気になる	14.9%	20.8%	25.3%	28.7%	4.4%	5.9%	2.86	1.15
j どこまでがんばればよいのかわからない	35.0%	23.4%	13.9%	13.9%	7.6%	6.1%	2.31	1.32

る。ちなみに、「不明」は欠損値としており、以下の分析においても、「不明」は欠損値とする。

最尤法ならびに斜交回転であるプロマックス回転を用いて因子分析を行い、表２のように三因子を析出した。それぞれの因子解釈に際しては、因子負荷量が〇・四〇〇以上を示す項目を判断材料とした。

第一因子で因子負荷量の高い項目は、「a 現在、自分の生活は充実している（反）」（因子負荷量〇・七三〇、以下の丸括弧内の表記も同様）、「b ひとり親として自信を持って生きている（反）」（〇・五七五）、「c 将来に希望をもっている（反）」（〇・五五七）、「d ありのままの自分を認めてくれる人がいる（反）」（〇・四九五）、「e 今の生活はつらいことのほうが多い」（〇・四八三）であり、これらは現在ならびに将来の生活に自らの希望を積極的に託すことが困難な状況を示していることから、「絶望感」因子と解釈する。第二因子は、「f 働いても働いても生活が楽にならない」（〇・八一七）と「g 仕事と子育てと精一杯で、心身ともに余裕がない」（〇・六二三）であり、これらは仕事も子育てもひとりで休む間もなく担っても生活が改善せず、心身ともに疲弊している状況を示していることから、「疲弊感」因子と解釈する。そして、第三因子は、「h いろんなプレッシャーに、押しつぶされそうな気持ちになる」（〇・七九二）、「i いつもまわりの人の目が

表2　現代の生活意識項目の因子分析　N=1044

現在の生活意識項目	第1因子 絶望感	第2因子 疲弊感	第3因子 重圧感	共通性
a 現在、自分の生活は充実している（反）	**.730**	.171	-.087	.621
b ひとり親として自信を持って生きている（反）	**.575**	-.259	.239	.363
c 将来に希望をもっている（反）	**.557**	.150	-.049	.391
d ありのままの自分を認めてくれる人がいる（反）	**.495**	-.082	.037	.223
e 今の生活はつらいことのほうが多い	**.483**	.244	.151	.595
f 働いても働いても生活が楽にならない	-.055	**.817**	-.145	.488
g 仕事と子育てと精一杯で、心身ともに余裕がない	-.016	**.623**	.176	.552
h いろんなプレッシャーに、押しつぶされそうな気持ちになる	-.048	.151	**.792**	.758
i いつもまわりの人の目が気になる	.210	-.191	**.484**	.268
j どこまでがんばればよいのかわからない	-.015	.341	**.470**	.538
個別寄与率	37.8%	6.1%	4.1%	
累積寄与率	37.8%	43.8%	48.0%	

注　1）最尤法，プロマックス法による斜交回転（k=4）
2）太字は因子負荷量が0.400を超えたもの
3）N=1044
4）第１因子と第2因子との相関係数=0.595　第1因子と第2因子との相関係数=0.615　第2因子と第3因子との相関係数=0.671

気になる」（〇・四八四）、「ｊどこまでがんばればよいのかわからない」（〇・四七〇）であり、これらは職場や地域において、〝望ましい子づれシングル〟という社会的承認を得ようとがんばることが日常生活における重圧となっている状況を示していることから、「重圧感」因子と解釈する。

なお、第一因子、第二因子、第三因子間には、決して低くはない相関が認められ、抽出された因子がそれぞれ相対的には固有かつ独立した意味の次元の一纏まりを成しながらも、より大きな範疇においては相互に密に関連していることがわかる。

加えて、山下（2012）が整理した「生きづらさ」に関わる七項目のうち、子どもに顕著かつ特有な三項目である「『生きているのはつらい』とか『消えてしまいたい』とか思うことがある」、「学校にも家の中にもどこにも居場所がないような気がする」、「自分なんかこの世に生まれてこなければよかったと思う」を除いた成人にも通底する四項目である「ありのままの自分を認めてくれない」および「いまの生活はつらいことのほうが多い」は、本稿での項目ｄおよび項目ｅが関わる第一因子の絶望感因子に相当する。「いろんなプレッシャーに押しつぶされそうな気持ちになる」および「これ以上何をがんばればいいのだと思うことがある」は、本稿での項目ｈおよび項目ｊが関わる第三因子の重圧感因子に相当する。第二因子の疲弊感因子を除けば、斜交回転によるこの因子抽出は、山下の知見と概ね齟齬が無い。

ただ、子づれシングル女性の「生きづらさ」命題群のうち、「生活諸資源欠乏」命題群は絶望感と対応するが、「生活実現不達成」命題群と疲弊感、および、「適当なつながり欠如」命題群と重圧感とはぴったり対応しているわけではない。また、「存在価値不確か」命題群と対応する共通因子は析出されておらず、「自己否定感」と呼びうる「生きづらさ」要素が想定されるが、これらの点については今後の検討課題である。

以下の分析においては、子づれシングル女性の絶望感、疲弊感、重圧感という「生きづらさ」の三要素に焦点をあてて、それぞれの因子得点変数を尺度として用いて、絶望感、疲弊感、重圧感に影響する諸要因を探索的に検討する。

4－3 「生きづらさ」を規定する諸要因

「生きづらさ」の三要素それぞれに影響する諸要因として、子づれシングル女性の生活関連諸項目について検討する。表3は用いる変数の値と記述統計量を示している。表3の生活関連項目について、「ひとり親になった理由」の「死別」、「離別」、「非婚の母」は名義尺度であることから、「離死別の違い」としての「死別」か否か（「離別」と「非婚・未婚」）の区分と、「婚姻歴の有無」としての「婚姻あり」（「死別」と「離別」）か否か（「非婚・未婚」）の区分の、二種のカテゴリー変数に変換している。「ひとり親年数」は、ひとり親になってからの年数である。「教育年数」は、学歴を年数に置き換えて定量変数とした。「世帯年収」は、カテゴリー変数を定量変数に変換した。「経済状況の変化」は、ひとり親になった直後と現在の経済状況の比較からなる順序尺度である。「年収のゆとり」は、主観的な経済的困難な状況を捉えるために新たに作成した変数であり、世帯の年間総収入と本人が最低限必要と考える年間収入との差額を三カテゴリーの順序尺度とした。「生活費に関する悩み」、「養育費に関する悩み」、「仕事に関する悩み」、「健康に関する悩み」、「対人関係に関する悩み」、「老後に関する悩み」、「家族に関する悩み」、「子どもに関する悩み」は、生活上のさまざまな悩みの有無を問う論理変数である。「悩みの数」は、生活上の悩み「あり」の数を集計した。悩みが多いほど「生きづらい」と考えられる。そして、「差別や偏見解決の有無」は、「差別や偏見を受けた経験があるかどうか」を問う設問と、経験がある場合に「解決したかどうか」を問う設問とを組み合わせて論理変数とした。

表4は、上記の生活関連諸項目による絶望感、疲弊感、重圧感への影響力を検討する重回帰分析に先立ち、生活関連諸

表3　生活関連項目の記述統計

生活関連項目	変数の値	N	最小値	最大値	平均値	標準偏差
本人年齢	歳	1158	19	67.5	40.36	7.37
離死別の違い	「死別」0 「離別」1	1137	0	1	0.92	0.27
婚姻歴の有無	「婚姻歴あり」0 「婚姻歴なし」1	1137	0	1	0.08	0.28
ひとり親年数	「1年未満」1 「1年～3年未満」2 「3年～5年未満」3 「5年～10年未満」4　5「10年以上」	1164	1	5	3.43	1.27
子ども数	人数	1171	1	5	1.69	0.76
末子年齢	歳	1144	0	22	10.49	4.87
教育年数	年	1129	9	18	12.82	2.00
就労の有無	「就労あり」0 「就労なし」1	1155	0	1	0.18	0.39
世帯年収	円	959	250,000	12,500,000	2,566,736	1,833,021
経済状況の変化	「良くなった」1 「やや良くなった」2 「変わらない」3 「やや悪くなった」4 「悪くなった」5	1143	1	5	3.31	1.37
年収のゆとり	「最低限必要額以上」1 「最低限必要額と同じ」2 「最低限必要額未満」3	927	1	3	2.65	0.64
生活費に関する悩み	「悩みなし」0 「悩みあり」1	1156	0	1	0.65	0.48
養育費に関する悩み	「悩みなし」0 「悩みあり」1	1156	0	1	0.21	0.41
仕事に関する悩み	「悩みなし」0 「悩みあり」1	1156	0	1	0.40	0.49
住宅に関する悩み	「悩みなし」0 「悩みあり」1	1156	0	1	0.16	0.37
健康に関する悩み	「悩みなし」0 「悩みあり」1	1156	0	1	0.21	0.41
対人関係に関する悩み	「悩みなし」0 「悩みあり」1	1156	0	1	0.04	0.20
老後に関する悩み	「悩みなし」0 「悩みあり」1	1156	0	1	0.25	0.43
家族に関する悩み	「悩みなし」0 「悩みあり」1	1156	0	1	0.08	0.28
子どもに関する悩み	「悩みなし」0 「悩みあり」1	1156	0	1	0.39	0.49
悩みの数	個数	1156	0	3	2.36	0.92
子育て悩み相談者の有無	「相談者有」0 「相談者無」1	1153	0	1	0.05	0.22
適当な相談相手の有無	「相談者有」0 「相談者無」1	1155	0	1	0.22	0.41
差別や偏見の有無	「差別なし」0 「差別あり」1	1142	0	1	0.37	0.48
差別や偏見解決の有無	「解決したか、差別なし」0 「未解決」1	1096	0	1	0.18	0.38

項目と絶望感、疲弊感、重圧感との単純相関係数を求めた結果である。

表４によると、「教育年数」、「就労の有無」、「世帯年収」、「経済状況の変化」、「年収のゆとり」、「生活費に関する悩み」、「養育費に関する悩み」、「仕事に関する悩み」、「悩みの数」、「適当な相談相手の有無」、「差別や偏見の有無」、「差別や偏見解決の有無」は、絶望感、疲弊感、重圧感のいずれとも一定程度の相関がある。他方、「本人年齢」、「子ども数」、「末子年齢」、「老後に関する悩み」は、絶望感、疲弊感、重圧感のいずれとも統計的に有意な相関は見られない。なお、表４では、紙面の都合で生活関連諸項目相互の単純相関係数は省略しているが、「本人年齢」と「末子年齢」との単純相関係数はｒ＝〇・六四五、「差別や偏見の有無」と「差別や偏見解決の有無」との単純相関係数はｒ＝〇・六四八である。これら以外についてはいずれも〇・五〇〇未満であり、重回帰分析において多重共線性が生じるリスクは皆無とは言えないものの小さいと考えられる。ちなみに、重回帰分析においては、「本人年齢」も「末子年齢」も分析に加えず、「差別や偏見の有無」と「差別や偏見解決の有無」については、多重共線性のリスクを避けるうえで、疲弊感、重圧感との相関係数では差はないので、絶望感との相関係数が高いほうの「差別や偏見解決の有無」を分析に採用する。

表４　単純相関係数

	絶望感	疲弊感	重圧感
本人年齢	.003	.017	-.031
離死別の違い	.035	.126 **	.076 *
婚姻歴の有無	-.042	-.071 *	-.047
ひとり親年数	.071 *	.070 *	.036
子ども数	-.029	.047	-.005
末子年齢	.009	.039	-.023
教育年数	-.122 **	-.117 **	-.098 **
就労の有無	.151 **	-.091 **	.079 *
世帯年収	-.231 **	-.195 **	-.145 **
経済状況の変化	.342 **	.312 **	.241 **
年収のゆとり	.254 **	.296 **	.194 **
生活費に関する悩み	.341 **	.404 **	.270 **
養育費に関する悩み	.125 **	.155 **	.102 **
仕事に関する悩み	.133 **	.146 **	.160 **
住宅に関する悩み	.056	.080 *	.056
健康に関する悩み	.056	.015	.096 **
対人関係に関する悩み	.110 **	.054	.126 **
老後に関する悩み	.006	.023	.013
家族に関する悩み	.066 *	.005	.076 *
子どもに関する悩み	.050	.071 *	.091 **
悩みの数	.395 **	.444 **	.425 **
適当な相談相手の有無	.272 **	.238 **	.237 **
差別や偏見の有無	.241 **	.215 **	.240 **
差別や偏見解決の有無	.265 **	.214 **	.238 **

**:p<.01　* :p<.05

4-4 「生きづらさ」を規定する生活関連項目の影響力を測定する

表5は、子づれシングル女性に関する「離死別の違い」、「婚姻歴の有無」、「ひとり親年数」といった基本的属性を捉える項目、「教育年数」、「就労の有無」、「世帯年収」、「経済状況の変化」、「年収のゆとり」といった経済状況を捉える項目、生活上のさまざまな悩みや「悩みの数」といった生活上の悩みの有無を捉える項目、「適当な相談相手の有無」を捉える項目、および、「差別や偏見解決の有無」を捉える項目を説明変数とし、絶望感、疲弊感、重圧感を被説明変数とした重回帰分析の結果をまとめたものである。

■絶望感について

表5の絶望感に関する分析結果によると、標準化偏回帰係数βの高い順に、「経済状況の変化」(β=〇・二三)、「適当な相談相手の有無」(〇・一七九)、「差別や偏見解決の有無」(〇・一七八)、「生活費に関する悩み」(〇・一七五)、「悩みの数」(〇・一四五)、「対人関係に関する悩み」(〇・〇九〇)、「ひとり親年数」(〇・〇七八)、「年収のゆとり」(〇・〇六七)、「就労の有無」(・〇五九)と続く。

この結果について、以下のように解釈できる。

子づれシングル女性の場合、ひとり親になってからの年数が長くなるなかで、無職であったり、ひとり親になった直後よりも経済状況が悪くなっていたり、生活上の悩みが多くなっていたりするにもかかわらず、相談相手がいなかったり、さらに、差別や偏見を受けて解決されていなかったりすることが、絶望感を強くする。

■疲弊感について

表5の疲弊感に関する分析結果によると、βの高い順に、「悩みの数」(〇・二〇〇)、「生活費に関する悩み」(〇・二四〇)、「就労の有無」(マイナス〇・一九〇)、「経済状況の変化」(〇・一三九)、「年収のゆとり」(〇・一四七)、「適当な相談相手の有無」(〇・一一七)、「差別や偏見解決の有無」(〇・一一五)、「離死別の違い」(〇・〇七七)、「教育年数」(マイナス〇・〇六三)、「対人関係に関する悩み」(〇・〇五八)、と続く。「就労の有無」のβがマイナスになっている点、および、「教育年数」のβもマイナスになっている点をふまえながら、分析結果について、以下のように解釈される。

子づれシングル女性のなかで、死別よりも離別ほど、教育年数が短いほど、就労しているほど、ひとり親になった直後よりも経済状況が悪くなっているほど、最低限必要な収入さえ確保できないほど、生活費に関する悩みがあり、対人関係に関する悩みも加わって悩みの数が多いほど、しかも、悩みがあっても適当な相談相手がいないほど、そして、差別や偏見を受けて解決されていないほど、疲弊感は強くなる。

表５　絶望感，疲弊感，重圧感を規定する諸要因の重回帰分析

生活関連項目	絶望感			疲弊感			重圧感		
	B	β		B	β		B	β	
（定数）	-1.410		***	-1.817		***	-1.477		***
離死別の違い	.029	.009		.253	.077	*	.167	.051	
婚姻歴の有無	-.153	-.044		-.126	-.037		-.138	-.039	
ひとり親年数	.057	.078	*	.045	.061	*	.017	.022	
教育年数	-.023	-.050		-.029	-.063	*	-.024	-.052	
就労の有無（無職ダミ-）	.156	.059	+	-.391	-.147	***	-.034	-.013	
世帯年収	.000	-.039		.000	.030		.000	.048	
経済状況の変化	.144	.223	***	.122	.190	***	.098	.152	***
年収のゆとり	.094	.067	+	.164	.117	**	.088	.062	+
生活費に関する悩み（ありダミー）	.330	.175	***	.392	.208	***	.170	.089	*
養育費に関する悩み(ありダミー)	.087	.040		.117	.054		.044	.020	
仕事に関する悩み（ありダミー）	.044	.024		.034	.019		.081	.044	
住宅に関する悩み（ありダミー）	.011	.004		.058	.023		-.033	-.013	
健康に関する悩み（ありダミー）	.049	.022		-.037	-.017		.031	.014	
対人関係に関する悩み（ありダミー）	.378	.090	**	.244	.058	+	.401	.094	**
家族に関する悩み（ありダミー）	-.010	-.003		-.030	-.009		.016	.005	
子どもに関する悩み（ありダミー）	.011	.006		.034	.018		.033	.018	
悩みの数	.144	.145	*	.239	.240	***	.271	.271	***
適当な相談相手の有無（なしダミー）	.391	.179	***	.304	.139	***	.338	.153	***
差別や偏見解決の有無（なしダミー）	.423	.178	***	.274	.115	***	.326	.136	***
N	753			753			753		
F値	23.398 ***			26.105 ***			16.005 ***		
R^2	.378			.404			.293		
Adj. R^2	.361			.388			.275		

***：p<.001　**：p<.01　*：p<.05　+：p<.10

■重圧感について

表5の重圧感に関する分析結果によると、βの高い順に、「悩みの数」(〇・二七一)、「適当な相談相手の有無」(〇・一五三)、「経済状況の変化」(〇・一五二)、「差別や偏見解決の有無」(〇・一三六)、「対人関係に関する悩み」(〇・〇九四)、「生活費に関する悩み」(〇・〇八九)、「年収のゆとり」(〇・〇六二)と続く。分析結果について、以下のように解釈できる。

子づれシングル女性の場合、ひとり親になった直後よりも経済状況が悪くなって、最低限必要額の収入を確保できないので、生活費に関する悩みに加えて、対人関係に関する悩みなど、悩みの数が多かったり、悩みがあっても適当な相談相手がいなかったり、また、対人関係において差別や偏見を被っても解決されていなかったりすると、重圧感が強くなる。

■小括

子づれシングル女性の絶望感、疲弊感、重圧感に影響する要因について、知見を整理しておこう。

表5より、絶望感、疲弊感、重圧感のいずれにも影響を及ぼしている生活関連項目は、「経済状況の変化」、「年収のゆとり」、「生活費に関する悩み」、「対人関係に関する悩み」、「悩みの数」、「適当な相談相手の有無」、そして、「差別や偏見解決の有無」であることから、以下のようにまとめることができる。すなわち、①ひとり親になった直後と比べて経済状況が悪く、しかも、最低限必要額の収入を確保できないといった生活費に関する悩みのあることが、絶望感、疲弊感、重圧感を強くする。②生活上の悩みのなかで、生活費に関する悩みや対人関係に関する悩みなど、悩みの数が多いほど、しかも、悩みがあっても適当な相談相手がいないことが絶望感、疲弊感、重圧感を強くする。さらに、③ひとり親であることや貧困であることにより差別や偏見を被っても解決されないことが絶望感、疲弊感、重圧感を強くする。

しかし、絶望感、疲弊感、重圧感に対して影響力の強い生活関連項目に、少しずつ違いもある。すなわち、④絶望感は、ひとり親になってからの年数が長くなって、思うように働くことができないなど、ひとり親になった直後に比べて経済状況が悪くなることにより強くなる。⑤疲弊感は、離別で、教育年数が短く、就労していても最低限必要額以下の収入しかなく、ひとり親になった直後と比べて経済状況が悪くなることにより強くなる。そして、⑥重圧感は、経済状況の悪化による生活費に関する悩みに加えて、対人関係の悩みなど複数の悩みがあっても適当な相談相手がいないこと、また、差別や偏見を被っても解決されていないことによる影響が目立つ。

5　まとめ

子づれシングル女性の絶望感、疲弊感、重圧感という「生きづらさ」に影響する諸要因に関する分析結果について、「生きづらさ」命題群もふまえながら、以下の点を押さえておきたい。すなわち、①子づれシングル女性を「生きづらく」させる「生活諸資源の欠如」命題に関連して、客観的な世帯収入額よりも、ひとり親になった直後と現在の経済状況の比較による評価や生活費の欠乏が悩みとして意識化されていることによる影響が大きいという知見は〝発見〟であり、ひとり親支援において、当事者の思いに耳を傾けることの意義が改めて示唆された。②「適切なつながりの欠如」命題に関連して、「つながり」がありさえすればよいわけではなく、何らかの悩みがある場合に、「適切な相談相手」の有無が「生きづらさ」を左右するという知見は、有効な相談体制の存在意義を喚起するものである。また、③「存在価値不確か」命題に関連して、「差別や偏見の解決の有無」が「生きづらさ」に影響するという知見を重視するならば、ひとり親家族に対する差別や偏見が社会的に放置されている現状は、当事者にとって、さらなる「生きづらさ」となっていることを指摘しておきたい。

今後さらに、「生きづらさ」に関する理論的・実証的研究が必要であることは言うまでもない。しかし、国や自治体におけるひとり親世帯への「子育て・生活支援」「就業支援」「養育費確保支援」「経済的支援」といった自立支援策[9]に加えて、「生きづらさ」を軽減できるような施策が積極的に講じられるならば、子づれシングル女性の自立の可能性が高まり、今よりも生きやすくなるものと期待される。

【注】

[1] 厚生労働省、二〇一六、「各種世帯の所得等の状況」厚生労働省ウェブサイト（二〇一六年三月十四日取得、http://www.mhlw.go.jp/toukei/saikin/hw/k-tyosa/k-tyosa14/dl/03.pdf）

[2] 厚生労働省雇用均等・児童家庭局、二〇一六、「平成二十八年度ひとり親家庭等自立支援関係予算案の概要（厚生労働省関係）」全国社会福祉協議会ウェブサイト（二〇一六年三月十四日取得、http://www.zseisaku.net/data/H28yosan05_koji.pdf）

[3] 「自己実現」がパーソナリティレベルの充足であるのに対して、「生活実現」は、個々の生活システムにおいて設定された生活目標の具体化に対する自他の評価に基づく充足状態を意味する（神原 1991: 86, 2010: 193）。

[4] 土井隆義が、現在の子どもや若者の人間関係について考察した一連の作品から示唆を得た（土井 2008, 2009a, 2009b）。土井は、適切なつながりの欠如について、「つながり」が喪失したり得られない生きづらさと、自分の存在価値の承認のために（どんなに傷ついても）「つながり」を、無理をしてでも保持し続ける生きづらさとして捉えている。

[5] 「疾患固有の容貌」（松本 2000）、「ユニークフェイス」「顔の変形」（松本 2004）と、作品によって呼称は異なるが、同義である。

[6] 二〇〇八年に、大阪市が、ひとり親家庭等の生活実態を把握し、今後のひとり親家庭等自立支援施策のための基礎資料を得る目的で実施。全世帯のうちひとり親世帯の出現率約三・三％であることから、約三〇〇〇世帯を抽出するために、全世帯から九万六五〇六世帯を無作為抽出した。母子世帯二九一四世帯。郵送法。回収数九二四件、回収率三二・二％。

[7] 二〇一一年に、奈良市が、ひとり親家庭等自立促進計画策定に向けての基礎資料を得るために実施。九月から十月に実査。児童扶養手当の受給資格対象者などに質問紙を郵送し

回収。母子世帯配布数三九〇〇票、回収数一一七一票、回収率三〇・〇%。データの使用については、奈良市より許可を得た。

［8］全国の母子世帯等の生活実態を把握し、福祉対策の充実を図るための基礎資料を得ることを目的として厚生労働省が二〇一一年十一月に実施。母子世帯については、国勢調査の調査地区より一八〇〇地区を選び、父のいない児童（二十歳未満で未婚）がその母によって養育されている全世帯、二二五七世帯対象。配票、郵送による回収。回収数一六四八票、回収率七三・〇%。

［9］注の2参照のこと。

【文献】

雨宮処凜・萱野稔人、二〇〇八、『「生きづらさ」について――貧困、アイデンティティ、ナショナリズム』光文社。

土井隆義、二〇〇八、『友だち地獄――「空気を読む」世代のサバイバル』筑摩書房。

――、二〇〇九a、『キャラ化する／される子どもたち――排除型社会における新たな人間像』岩波書店。

――、二〇〇九b、「キャラ化する日常世界の光と影――後期近代社会における存在論的不安」『現代の社会病理』二四、七―一八。

神原文子、一九九一、『現代の結婚と夫婦関係』培風館。

――、二〇一〇、『子づれシングル――ひとり親家族の自立と社会的支援』明石書店。

――、二〇一一、「「生きづらさ」を社会学するとは――ひとり親家族研究を事例として」日本社会病理学会編『現代の社会病理』二六、七―二六。

厚生労働省、二〇一二、『平成二十三年度全国母子世帯等調査報告』 http://www.mhlw.go.jp/seisakunitsuite/bunya/kodomo/kodomo_kosodate/boshi-katei/boshi-setai_h23/

草柳千早、二〇〇四、『「曖昧な生きづらさ」と社会――クレイム申し立ての社会学』世界思想社。

松本学、二〇〇〇、「隠ぺいされた生きづらさ――『ふつう』と『ふつうでない』の間の容貌［特集 疾患・外傷のある顔――知っておきたい「見た目」の問題］」『看護学雑誌』六四（五）、医学書院、四〇七―四一二。

――、二〇〇四、「人権 ユニークフェイス――顔の変形と生きづらさ［部落開放・人権入門 二〇〇四――第三十四回部落開放・人権夏期講座 報告書］」『部落解放』五二八、解放出版社、二二三―二四〇。

――、二〇〇六、「顔に違いがあるということ――先天的な変形を中心にして」田垣正晋編著『障害・病いと「ふつう」のはざまで――軽度障害者どっちつかずのジレンマを語る』明石書店、一二九―一五三。

中西新太郎、二〇〇九、「構造改革時代を生きる――子ども・若者の現在」地域民主教育全国交流研究会編『現代と教育78 子ども・若者の「生きづらさ」をどうつかむか』桐書房、五―一六。

奈良市、二〇一二、『奈良市ひとり親家庭等実態調査報告書』

大阪市、二〇〇九、『平成二十年度大阪市ひとり親家庭等実態調査報告書』

Sen, Amartya, 1992, *Inequality Reexamined*, Oxford University Press.

（＝一九九九、池本幸生・野上裕生・佐藤仁訳『不平等の再検討――潜在能力と自由』岩波書店）

山田昌弘、二〇〇七、『希望格差社会――「負け組」の絶望感が日本を引き裂く』筑摩書房。

山下美紀、二〇一二、『子どもの「生きづらさ」――子ども主体の生活システム論的アプローチ』学文社。

湯浅誠、二〇〇八、『反貧困――「すべり台社会」からの脱出』岩波書店。


（原稿受付二〇一六年二月二日、掲載決定二〇一六年五月三十日）

Single Women with Child(ren) and Difficulty in Living

KAMBARA, Fumiko
Kobe Gakuin University

In this paper, I would like to focus on single women with child(ren), who are as a person, raising their child (ren) single-handedly, and outline the characteristics of the difficulty they have in living and consider the various factors that contribute to this situation. I have organized the circumstantial definition of “difficulty in living” from existing studies and have composed proposition clusters relating to difficulty in living as lack of various resources in order to live, lack of livelihood achievement, lack of adequate connections with people, and uncertainity regarding their right to exist. Next, factor analysis was conducted on the 10 items concerning livelihood consciousness based on data compiled from Nara City Survey of Single Parent Families and Others (1,171 single mother responders) and have come up with “despair,” “impoverishment,” and “pressure” as factors leading to the sense of difficulty in living. Using multiple regression analysis with livelihood related items as independent variables and despair, impoverishment, and pressure as dependent variables, the following factors that influence despair, impoverishment and pressure, respectively have been reached: 1) deterioration of financial condition as compared with when the women first became single parents, 2) worries concerning living expenses and human relationships with increase of such worries and absence of someone to talk with about such worries exacerbating the situation, and 3) unresolved discrimination and prejudice concerning single parent status and poverty.

Key words: single women with child(ren), difficulty in living, Nara City Survey of Single Parent Families and Others

(Received February 2, 2016 / Accepted May 30, 2016)

ビデオで調査することのメリットとデメリット

——「リアリティ喚起力の大きさ」と「常識に汚染されるリスク」

樫田美雄（神戸市看護大学）

1　私のビデオ体験と本連載企画の方針
——ビデオの説得力は大きいが……

かつて一年だけ、日本肝胆膵外科学会[1]に所属して、学術集会に参加したことがある。「ビデオセッション」が衝撃的だった。手術の術式に関してのものだった。流されている動画は鮮明で、患部も手術の仕方もよく分かった（気がした）。文字をほとんど経由せずに、このようにして、伝えられる知識もあるのか、と思った。[2]

あとで知ったことだが、手術室での映像記録システムは、当時（十五年前）で、二千万円ほどしていたようである。しかし、それだけの費用を掛けるにたる中身があると思った。

自分自身の例でいえば、人間ドックで胃カメラを飲んでいる最中に、そのカメラが撮っている画像を見せられながら、解説を受けたことがある。なるほど、ここにビランがあるから、十二指腸潰瘍なのか。目の前に動かぬ証拠がある以上、反論のしようがない。映っている、見えている、ということには、大変な説得力があるのだ。

このビデオが持っている「説得力」を、社会学も活用してよいだろう。ただ、詳しくは後述するが、ビデオの活用には、落とし穴もある。本連載企画『ビデオで調査をする方法』は、この両面（ビデオの意義と落とし穴性）をバランス良く提示していきたい。

2　ビデオを使った調査で何ができるのか？

上述の手術における手技の動画撮影に比べれば、かかっている費用は五十分の一から百分の一程度にしかならないが、我々の科学研究費での調査においても、ビデオの説得力の大きさを実感した経験がある。[3]

「写真1」を見て欲しい。この写真は、二〇〇七年九月に撮影したものである。我々は、ＰＢＬ（Problem Based Learning 医学部医学科で多く取り入れられている、六～八人の少人数の学生に一人のチューター教員がついて学習させる方法）の実態を明らかにするべく、複数台のビデオカメラで、この少人数授業を撮影した。その結果、驚くべきことが判明した。

写真１　ホワイトボード筆記担当者の無言の影響力の発見（2007）

　いったいどういうことが分かったのか。まず、日本でのＰＢＬでは、学生の発話が少ないことが知られている。そのためもあるのだろう。学生の発話を促進するために、助言者であるとともに評価者でもあるチューター教員は、学生の発話数の多寡を毎時間個人別に記録して、平常点の一要素として、活用していた。けれども、そういう立場から学生たち（多くは学部の三年生や四年生）に発話を促しても、活発な議論は起きなかった。そもそも、ディベートのように、複数意見が対立的に、表立って闘わされるようなことはほとんど起きないのである。そんななかで、短いシナリオから、学生たちはどのように、問いかけにこたえ、学習項目を積み上げ、各領域の学習課題を総合的に捉えていっているのだろうか。[4]疑問に思われたので、ビデオを繰り返し見ることで、議論の流れを丁寧に追うことにした。

　その結果、判明したのが、ホワイトボード板書担当者の影響力の大きさだった。たとえば、ＰＢＬ参加者が自信なげに発話した用語が間違っていたり、議論が筋道立っていないようなときがある。そのような際に、ホワイトボード板書担当者は、正しい用語に直して板書したり、議論内で出てきた諸要素を筋道だった形に整理して盤面に展開したりしていた。つまり、「無言のうちに」議論全体をリードしていたのであった。我々は、参与観察時には気づかなかった小さな実務にビデオで気づくことができた。そのおかげで「ホワイトボード筆記担当者の無言の影響力」を発見できたのである。そのようなことが起きていることに気がついてからビデオを見なおしてみると、じつは、ホワイトボードに背を向けている学生もときどきはホワイトボードを振り返ってその内容に注意を向けていることや、手元の記録シートにグループの公式記録を書いている学生も、自分の耳で聞いた内容だけを書き写しているのではなく、しばしばホワイトボードを見て、そのまとめ方を写す形で記録シートの欄を埋めていることが判明した。学生は、そもそも、ホワイトボード筆記担当者に強く志向していたのであった。

　このことを、当該調査大学の医学教育担当者に報告したところ、「発話をほとんどしないホワイトボード筆記担当者が、そんなに全体の議論をリードしているのならば、ＰＢＬの学生評価を、学生の発話量の多寡で判定するやり方は修正した方がよいだろう」という判断であった。主張する内容の根拠がビデオに映っていることの説得力の大きさが、社会学的研究においても認められた例として、この二〇〇七年[5]の例を挙げることができるだろう。

3　ビデオ利用の落とし穴

しかし、社会調査におけるビデオ利用には、落とし穴もある。説明力がありすぎる、という落とし穴である[6]。ビデオは情報量がとても多く、画面内に存在する諸情報は、そのうちどの情報が、どの情報の文脈となっているのか、という組み合わせを考えた時、その候補が無数にあるため、ついつい、ビデオからの意味の読み取りにおいて、研究者の最終的主張に都合の良い組み合わせを（吟味が不足した形で）行ってしまいやすくなってしまう。つまり、そこで何がどのようにして起きているのか、ということに関して、大量で多様な選択肢から選べてしまうために、社会科学的吟味からの絞り込みが甘くなってしまうのである。更にこの落とし穴の問題性を大きくしているのは、この吟味が甘くなってしまう事態を、「映像は直感的理解に訴えるから」とか、「文章による分析的思考とは質が違うイメージ的思考をも大切にしなければならない」とかと表現して、許容する議論が組み立てやすいということである[7]。

自己批判的に例を挙げるのならば、樫田（2004）の後半でも扱われている「ラジオスタジオ研究」について、人間班（1998）は、チーフアナウンサーIが、自分で原稿を読み、アドリブを述べるアナウンサー的存在であるとどうじに、番組進行に関して指示をするディレクター的存在でもあるという主張（二重性をもった存在としてのI）をしているが、この主張などは、ビデオのなかに多くの根拠はあるものの、絞り込みプロセスが不十分で、新しい社会学的発見にまでは至っていない議論の典型であるように思われる。つまり、普通に見て分かる常識的な判断／思考をなぞるために、ビデオデータの豊穣さを用いてしまっているのである。そのような「なぞり」以上の発見を、他の社会学的営為同様の厳密さで行うためには、映像資料を異物化する体系的な仕組みが必要となるが、その説明については、次回（その２）の課題となるだろう[8]。

4　今回のまとめ

今回は、連載の第一回目として、まずは、ビデオで調査することのメリットとデメリットを概観した。ビデオは情報量が多く、リアリティ喚起的なので、説得力がある。けれども、その「説得力」は、諸刃の剣である。「説得力」を得るかわりに、常識に汚染された立論から逃れがたくなるという問題が生じる。この問題から逃れるためには、方法意識を磨く必要があるが、その欠点抑制策部分に関しては、連載二回目の課題ということとなった。

［注］

［1］日本肝胆膵外科学会は、肝臓・胆嚢・膵臓を専門とする外科医の学会である。

［2］この出だし部分は、連載の三回目の伏線になっている。ビデオを活用した調査は、文字による学問的分析を迂回してリアリティを視聴者に届けることができるため、有力な当事者研究のツールとなり得る。「ビデオで調査をして当事者研究的社会学調査を行おう」が三回目のテーマである。

　ところで、ここで「当事者研究的社会学調査」と長く記述的に調査の名称を定義的に書いているのには、理由がある。学問的分析を迂回して視聴者に届けたリアリティをさらに社会学的に分析することまでどうじにおこなう路線で社会学は進まなければならないだろう、という提言的意味までをも、この言い方は、含んでいるのである。なお、このように社会学研究的含意をもって動画を用いることの意義と可能性に関しては、本誌次号掲載論文以外に、本誌原稿と並行して執筆した『質的心理学研究』一六号（二〇一七年三月に新曜社より刊行される予定）の書評特集「質的研究と映像との関係を考える」内の趣旨文にも簡単に記載しているので、各書評ともども、参考にして頂ければ幸いである。

［3］近年の機材は安く、ビデオ利用調査の費用的敷居は低い。例えば、二〇一六年一月には、周囲三六〇度を長時間撮影できるミーティングレコーダー（キングジム社）が二万円弱であった。この機械は、プレイステーションポータブル用のＤＣ電源供給ケーブル（通販のamazon等で「ＰＳＰ充電用」と検索して出てくる諸商品。２００円から４００円程度）を流用して、ＵＳＢ出力端子をもつモバイルバッテリー（5Vで1A以上のもの）と接続することで、合計数千円を追加投資することで、ポータブル化が可能である。筆者は、六台所持しているミーティングレコーダー中三台をこの方法でポータブル化して活用している。モバイルバッテリーの容量を十分大きくしておけば、二時間以上、ＡＣ電源のないところで撮影や録音をすることが可能である。もちろん、このような利用の仕方は、メーカー非推奨の使い方であるので、安全性を保証するものではない。火災リスク等すべてのリスクは、利用者自身が負って頂きたい。

［4］日本の多くのＰＢＬは、各診療科別に学習課題にそったシナリオが作られ、それを二週間～四週間かけて学ぶ形になっている。チューターには、チューター用手引きが配られるとともに、事前ミーティングで、その週のシナリオのポイントが解説される。

［5］この板書者の無言の影響力の発見という研究成果については、日本医学教育学会において報告をしたが、動画は未だ公開できていない。ビデオ利用調査に関して、公表されている音声付きの資料動画としては、山﨑敬一編『実践エスノメソドロジー入門』内の（樫田 2004）関連のＣＤ内ファイルを参照せよ。

［6］社会学にとって、説明力があるこ

とはよいことのはずだ、という反論があるかもしれない。しかし、蓄積的な科学としての社会学を目指すのならば、すなわち、物語として消費されてしまうことに甘んじない社会学を目指すならば、「説明力志向」については、抑制的でなければならないだろう。

[7] この部分、箭内（2015）の議論にヒントを得た。

[8] 一回目の題は「ビデオの説明力過剰性を抑制する仕組みとしてのビデオエスノグラフィー」となる見込みである。この議論の骨格は、樫田（2016）に既発表である（公刊準備中）。

[文献]

樫田美雄、二〇〇四、「調査実習としてのエスノメソドロジー」山﨑敬一編『実践エスノメソドロジー入門』有斐閣（CD－R付き）。

樫田美雄、二〇一六、『ビデオエスノグラフィーの可能性——臨床現場の会話分析』（奈良女子大学学位請求論文。二〇一六年三月十日）

人間班、一九九八、「ラジオスタジオ内における相互行為分析——チーフアナウンサーの二重性を中心として」樫田美雄編『一九九七年度 実習報告 ラジオスタジオの相互行為分析（第二版）』（http://kashida.world.coocan.jp/kasida/jisshuu/1997-2/kashida_ed_1998_10_okuduke.pdf にて公開中。二〇一六年六月十四日確認）

箭内匡、二〇一五、「フィールドにおける映像の撮影——歴史的・理論的背景から」分藤大翼・川瀬慈・村尾静二編『フィールド映像術』古今書院。

ファッション&パッション①

『non-no』から始めよう

栗田宣義（甲南大学）

1 ノンノの時代

集英社から一九七一年に創刊され、半世紀近い歴史を誇る『non-no』（以下、ノンノ）は、天空に輝く北極星であり、「まだファッション誌が数えるほどしかなかったころから、大地ガイアのごとくすべての要素を備え」「現代ファッションを育んできた揺るがぬ原点かつ定番誌である」（栗田 2010）。モード系のようにかつて表紙モデルは欧米人であったし、ストリートスナップも青文字系ではなくノンノが起源であった。本連載の冒頭を飾るのに頗る相応しいこの雑誌は、一九九六年の上期には日本ABC協会（以下、ABC）の販売部数公査で百万部に迫る（表1を参照）[1]。九七万一〇二〇部は他のファッション誌も含め一度も破られたことはない。第二次ベビーブーマーと重なる当時のハイティーンから大学生学齢前後の六百万人の女性を潜在的読者とするならば六人に一人の割合でノンノを買っていた計算になる[2]。美容院で見たりすることなどを含むいわゆる読書率は更に高い。前年、一九九五年におけるノンノ読書率が、高校三年生では五四・六%という調査結果もある[3]。当時のハイティーンは二人に一人の割合でノンノを読んでいた。これこそスタンダード、定番誌。まさにノンノの時代であった。

2 ABC公査部数

現在ABCに参加しているティーンならびに二十五歳前後までの主に未婚女性を対象としたファッション誌は、十三誌存在する。内訳は、新潮社の『ニコ☆プチ』（以下、ニコ☆プチ）と『nicola』（以下、ニコラ）、集英社の『Seventeen』（以下、セブンティーン）とノンノ、角川春樹事務所の『ポップティーン』（以下、ポップティーン）、小学館の『CanCam』（以下、キャンキャン）、主婦の友社の『S cawaii !』（以下、エスカワイイ）、『mina』（以下、ミーナ）、『Ray』（以下、レイ）、宝島社の『mini』（以下、ミニ）と『SPRiNG』（以下、スプリング）、講談社の『ViVi』（以下、ヴィヴィ）、光文社の『JJ』（以下、ジェイジェイ）。隔月刊のニコ☆プチ以外は月刊誌である。これらはABCならびに日本雑誌協会JPMA（以下、JPMA）が用いているティーンズ誌とヤング誌のカテゴリーから芸能娯楽誌の色彩が強い、主婦と生活社の『JUNON』を除いたすべてである。表1では、キャンキャンに対応する『AneCan』（以下、姉キャン）はじめ、二十五歳以上を主なターゲットとしつつも、前述の十三誌のお姉さん誌的位置づけがなされたヤングアダルト誌と呼称される宝島社の『sweet』（以下、スウィート）、集英社の『MORE』（以下、モア）、講談社の『with』（以下、ウィズ）四誌を加え、計十七誌を掲載した。[4] ＡＢＣに参加し、顧客向けに販売部数を明示することで媒体としての効果や影響力を詳らかにしている点を重視するならば、これら十七誌は現代日本を代表する若年層女性向けファッション誌と言えるだろう。

このＡＢＣ公査部数は二〇一五年上期に十七誌合計で一八二万七一九七部である。複数冊購入を無視し、十代と二十代前半の女性人口を九百万人と見積もれば、約二割が十七誌の何れかを買っている計算になる。若年層女性は五人に一人の割合でファッション誌を買い求めている。ノンノのピークは一九九六年上期であったが、十七誌合計の公査部数がその頂点に達するのはファッション系統の多様化が進み媒体の種類が豊富になった二〇一〇年上期である。四〇一万六五六一部、おおよそ四百万部が販売された。二〇一〇年当時の当該人口を一千万人と見積もり、同様の計算を行えば、かつては現在の二倍に相当する約四割が十七誌の何れかを買っていたことなる。五年間での半減は、ウェブ、ＳＮＳの興隆に伴う紙媒体の劣勢がその背景にある。だが、年齢層が限定されながらも未だ二百万部近くが売れる若年層女性向けファッション誌はメガ媒体であることは間違いない。

十七誌の二〇一五年上期における公査部数の平均値は九万四三〇二部である。比較規準として、美容室などで同時に見かけることも多い、『週刊女性』（主婦と生活社）、『女性自身』（光文社）、『女性セブン』（小学館）の公査部数一一万三六五七部、二〇万八七一五部、二二万七一六七部を挙げよう。ファッション誌の平均値は女性週刊誌三誌中で最も少ない『週刊女性』と同程度だ。具体的には、平均値近辺のキャンキャンの九万八四五〇部、ポップティーンの一〇万五九〇五部、ミニの一一万六九七七部は、『週刊女性』と同じくらいは売れており、相応の影響力があるということかもしれない。モア（一七万九〇九六部）、セブンティーン（一六万八一一〇部）、スウィート（一六万四二五四部）、ノンノ（一六万二〇三二部）、ヴィヴィ（一四万一一〇七部）といった上位五誌、即ちよく売れるファッション誌についてその平均値は一六万二九二〇部、上位三誌に狭めれば一七万四八七部となるが、『女性自身』『女性セブン』には数万部及ばない。媒体全体としての二百万部は大きい値である。しかし雑誌個々としてファッション誌は

表1　日本ABC 公査部数から見た若年層女性向けファッション誌の概況

ID	誌名[1]	版元	創刊	巻数[2]	2016年4月号の頁数	2016年4月号定価	2016年4月号の付録有無	日本ABC2015年上期販売部数[3]執筆時最新	日本ABC2010年上期販売部数[4]17誌計ピーク	日本ABC1996年上期販売部数[5]non-no ピーク	読者年齢第1四分位数推定値[6]	日本ABC および JPMA による分類[7]
M01	ニコ☆プチ	新潮社	2006年9月	11	146	¥590	ポーチ	72,859	91,693	-	10	女性ティーンズ誌
M02	nicola	新潮社	1997年5月	20	146	¥500	ポーチ	136,434	178,712	-	13	
M03	Seventeen	集英社	1968年5月	49	206	¥590	ポーチ	168,110	286,820	-	15	
M04	ポップティーン	角川春樹事務所	1980年10月	37	206	¥590	ポーチ	105,905	320,068	-	16	
M05	S Cawaii !	主婦の友社	2000年9月	17	142	¥620	なし	36,958	118,712	-	19	女性ヤング誌
M06	non-no	集英社	1971年5月	46	202	¥570	なし	162,032	280,211	971,020	20	
M07	CanCam	小学館	1981年11月	35	262	¥670	別冊	98,450	212,764	510,383	20	
M08	mina	主婦の友社	2001年3月	16	192	¥570	なし	68,659	142,171	-	21	
M09	mini	宝島社	2000年8月	17	132	¥640	ポーチ	116,977	207,766	-	21	
M10	ViVi	講談社	1983年5月	34	336	¥670	別冊	141,107	326,130	-	21	
M11	SPRiNG	宝島社	1996年2月	21	148	¥780	ポシェット	46,327	258,571	-	22	
M12	Ray	主婦の友社	1988年5月	29	244	¥670	なし	63,139	122,273	-	22	
M13	JJ	光文社	1975年4月	42	254	¥670	なし	75,785	111,113	-	23	
M14	sweet	宝島社	1999年3月	18	398	¥780	トート	164,254	524,512	-	25	女性ヤングアダルト誌
M15	AneCan	小学館	2007年3月	10	288	¥700	別冊	70,686	184,661	-	26	
M16	MORE	集英社	1977年5月	40	240	¥730	トート	179,096	342,290	-	26	
M17	with	講談社	1981年8月	36	236	¥670	なし	120,419	308,094	755,477	28	
計								1,827,197	4,016,561	2,236,880		
平均値				28	222	¥648		94,302	194,198	745,627		
販売部数上位3誌の平均値				36	281	¥700		170,487	397,644	745,627		
販売部数上位5誌の平均値				37	276	¥668		162,920	364,219			

1）日本ABC 協会（2015: 70-96）における誌名表記。
2）創刊年からの起算。他誌の増刊扱いで創刊した場合などは、版元の定義する巻数とは一致しない。平均値は、小数第一位を四捨五入、他も同様。
3）4）5）日本ABC 協会（2016）からの抽出。
6）日本ABC 協会（2015: 70-96）における読者年齢層カテゴリー集計に基づき筆者が各年齢に比例按分し推定。
7）日本ABC 協会（2015: 70-96）における分類。

女性週刊誌以上では無く、以下でも無いということか。ただし、女性週刊誌に較べてファッション誌はターゲットの年齢幅が頗る狭い。当該年齢層への影響力は週刊誌を凌駕している。とりわけ、小学校上級生向けのニコ☆プチが七万二八五九部、中学生向けのニコラが一三万六四三四部であることは驚嘆に値する。

3 付録・頁数・定価・巻数

今世紀初頭に宝島社が先導した付録ブームはいまも続いているようだ。二〇一六年四月号については十七誌中十一誌に何らかの付録がついている。スプリング（ファッションブランドのアガットとのコラボ、以下同様）にはポシェットが、スウィート（MERCURYDUO）、モア（snidel）にはトートバッグ、ニコ☆プチ（イングファースト）、ニコラ（ラブトキシック）、セブンティーン（WEGO）、ポップティーン（ECONECO）、ミニ（VANS）にはポーチという具合だ。各々、人気のファッションブランドやショップとのコラボが特徴的であり、中には高級感に溢れ、七〇〇〇円を超える価格が安く感じられる付録も散見される。キャンキャン、ヴィヴィ、姉キャンは紙媒体の別冊付録のみ、エスカワイイ、ノンノ、ミーナ、レイ、ジェイジェイ、ウィズは付録なしだったが、ノンノ、キャンキャン、ヴィヴィ、レイ、姉キャン、ウィズについてはバックナンバーに遡れば、紙媒体別冊ではないファッション小物やコスメなどの付録がついている。二〇一五年まで遡って、これらの付録がついていないのは、エスカワイイ、ミーナ、ジェイジェイの三誌のみだ。ファッション誌版元としては新興の宝島社と新潮社が付録に強く、老舗の主婦の友社、光文社は淡白、それ以外の版元は中間的といった濃淡はあるものの、ファッション誌と付録は未だに相性は悪くはないようだ。

公査部数が大きいほど広告主には魅力であり、広告頁が多くなる傾向がある。頁数の最小値はミニの一三二頁、最大値はスウィートの三九八頁。双方には三倍以上の差がある。公査部数の差は一一万六九七七部に対する一六万四二五四部であるから、こちらは一倍半の差だ。頁数の平均値は二二二頁であるが、前述したモアなど公査部数上位五誌の平均値は二七六頁、上位三誌では二八一頁にも上る。売れる媒体ほど冊子が厚い。

価格は前述の付録有無やその豪華さによっても左右され、毎号同じ訳ではない。ファッション誌にとって価格設定は大きな意味を有する。洋服代や化粧品代、スマホの通信料といった若年層女性の様々な支出の中で、大きな突出は困難であろう。ファッション情報はインターネットによってある程度は代替可能だが、現物である服やコスメはそうはいかないからだ。定価の平均値は六四八円である。最小値は中学生向けのニコラの五〇〇円、最大値は二十代前半向けのスプリングの七八〇円。読者年齢が上昇するにつれて定価も上昇する傾向がありそうだ。使えるお小遣いの額にも関係しているのだろう。そこで付録有無と頁数を統制し、読者年齢の第1クォータイル推定値と定価との関連を見ることにした[5]。偏相関係数の値は、r＝〇・七七二であり、一％水準で有意である。トートバッグやポシェットといった豪華な付録の有無や頁数の影響力を除去してもなお、読者年齢の上昇と共に定価が上がるということだ。

　創刊からの巻数は、ファッション誌の伝統を意味する。この伝統は、熾烈な市場競争を勝ち残ってきた叡智と強かさのバロメータでもある。セブンティーンのように小説やまんがなどを掲載した週刊誌として創刊した媒体や、先行誌の別冊や増刊として発刊された経緯などもあるが、ここでは各誌の創刊号発行年を一として巻数を起算した。十七誌の巻数平均値が二十八年であるの対し、販売部数上位五誌では三十七年、上位三誌では三十六年であり、巻数が多い伝統誌の方が良く売れている。というよりも、市場で勝ち残る叡智と強かさがあるからこそ伝統誌であり続けているのだ。読者年齢の時と同様に、付録有無と頁数を統制し、巻数と公査部数との関連を見ることにした。偏相関係数の値は、r＝〇・六二七であり、五％水準で有意である。付録の有無や頁数の影響力を除去してもなお、巻数と公査部数には相関がある。伝統誌は強い。

4　ファッション誌の系統分類

最後に、読者層への質問紙調査で得たデータに基づき媒体の系統分類を試みる。他のファッション誌も読む併読即ち重複読書に着目し、クラスタ分析に基づき系統分類を試みる方法は、ファッション系統を可視化する手段として有効だ（佐々木 2012）。ここでファッション系統は「読者の嗜好に基づく一纏まりのファッション誌群」として定義したい（栗田 2015）。

　図1は二〇一四年十月初旬にインターネット上において十六歳から十九歳の女性パネル四五八名について実施された「ハイティーン女子のメイクとファッションに係わる全国調査二〇一四」のデータセットについて、十七誌の重複読書に係わる類似度行列としてファイ係数を用いて、群間平均法によって作図したデンドログラムである[6]。重複読書の頻度の高いファッション誌同士が位相的に近い位置を占める。抽出された概ね五つのクラスタを、識者ならびに既発表拙稿による各誌の個性記述を添えながら命名しよう。「赤文字系雑誌の元祖」であるジェイジェイを筆頭に（能町 2013: 46–48）、「大学生相当の年齢の女性をターゲットとし、モードやカジュアルとは一線を」引きつつも（難波 2009: 70）、「ハイブランドのアクセサリとハイセンスなコスチューム」を身に纏った艶やかなレ

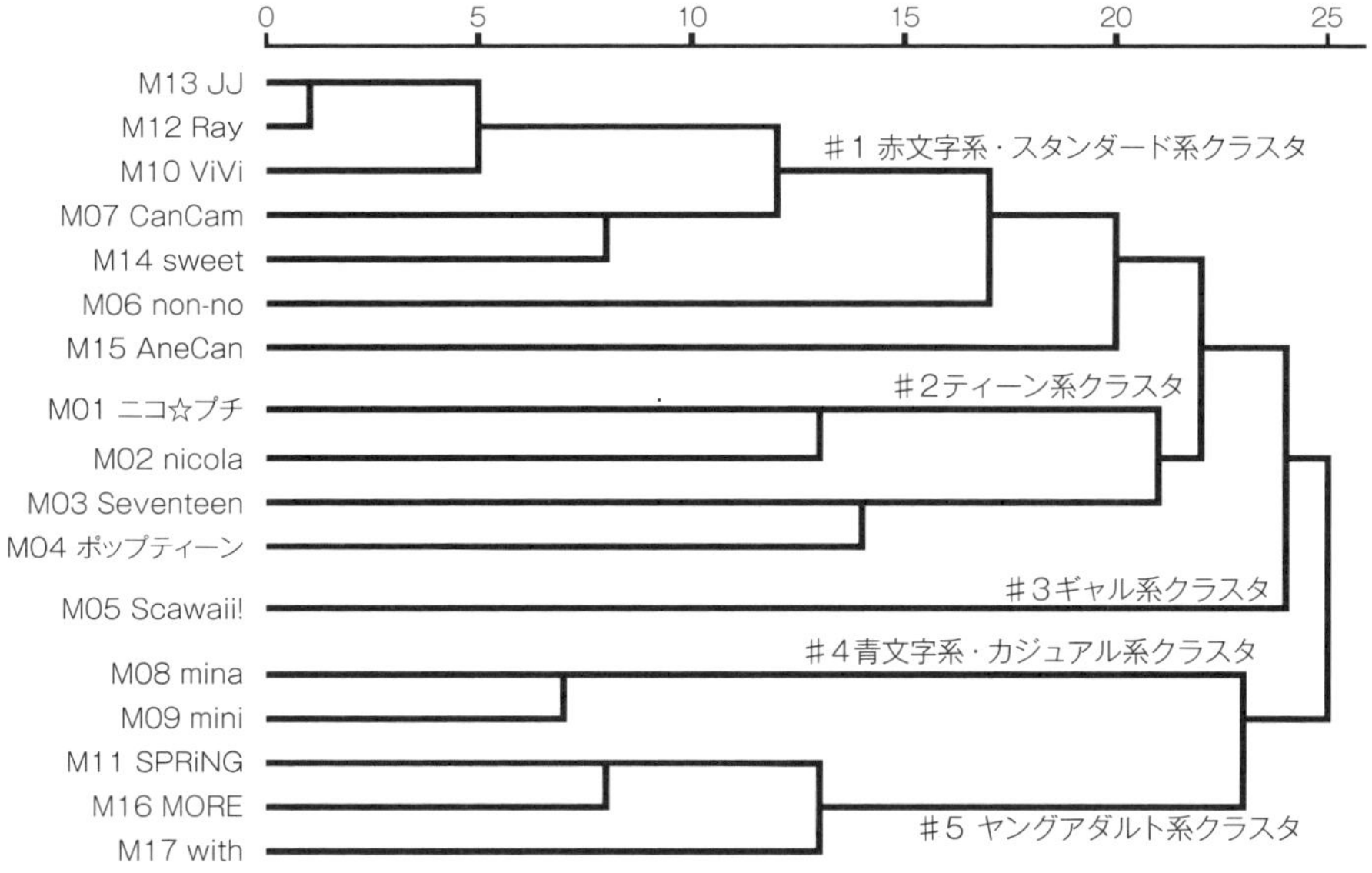

図1　女性ファッション誌、ABC 公査17誌のクラスタ分析に基づくデンドログラム

各誌重複読書のファイ係数行列を用い群間平均法によって作図　N=458
「ハイティーン女子のメイクとファッションに係わる全国調査2014」2014年10月初旬実施

イ、ヴィヴィ、キャンキャンに加え（栗田 2009: 1）、「見た目にはポップでキュートでかわいくて、でも味（中身）はそれなりの高級感」（能町 2013: 8）を持ったスウィートからなる小クラスタに、「読者を置き去りにしない、先走らないという編集方針」（石田 2015: 113）による「一般受けしやすい誌面」（富川 2015: 34）が特徴の老舗、定番誌のノンノと、キャンキャンのお姉さん誌姉キャンが合流する〈＃1 赤文字系・スタンダード系クラスタ〉。「リアルな読者は」「その母親たちかもしれない」小学生高学年向けのニコ☆プチならびに（難波 2009: 206）、「ファッションに興味を持ちはじめた、素直でマジメな良い中学生」をイメージさせるニコラからなる小クラスタと（能町 2013: 30）、「バランスのとれたおしゃれができるしたたかな女子中高生」をイメージさせるセブンティーンならびに（能町 2013: 122）、ギャル系にシフトした中高生向けのポップティーンからなる小クラスタが合流する〈♯2ティーン系クラスタ〉。「お姉ギャル」のためのエスカワイイ単独の〈♯3ギャル系クラスタ〉（渡辺 2005: 94）。「神戸エレガンス系、名古屋嬢」の全盛期に生まれたカジュアル誌ミーナ（渡辺 2005: 94）ならびに、カジュアルなストリートでの「女の子のボーイズ系ファッション」をテイストとしたミニからなる〈♯4 青文字系・カジュアル系クラスタ〉（渡辺 2005: 95）。読者年齢推定値が二十二歳以降のスプリング、モア、ウィズからなる〈♯5ヤングアダルト系クラスタ〉。以上が抽出されたクラスタである。

このデンドログラムは、〈♯2ティーン系クラスタ〉と〈♯5ヤングアダルト系クラスタ〉という年齢層の要因が濃厚に混入している点、ギャル系ならびに青文字系媒体が少ないため、ファッション系統としての分離が心許ない点、定番誌であるノンノが赤文字系クラスタに飲み込まれており、些か違和感がある点などを今後の課題に残している。

紙幅の制約上、今号の分析は以上に留めよう。次号では、読者の内面に切り込み、例えば、セブンティーンからノンノへといった媒体の乗り換えもしくは変更や、ファッション系統の醸成時期についての解析などを、質問紙調査に加えて、誌面の内容分析によって得られたデータセットに基づき展開する。

【注】

［1］日本ABC協会（2016）にて、ノンノなど女性ファッション誌の販売部数が遡及可能なのは一九九五年下期まで。

［2］総務庁統計局（2016）からの概算。以降の人口データも同様。

［3］一九九五年六月に実施された「第四十一回学校読書調査」では、高校三年生女子八九二名のうち四八七名がノンノを読んだと回答している（毎日新聞社 1996: 109, 149）。

［4］セブンティーンに対してはギャル系寄りの『PINKY』（二〇一〇年休刊）、ヴィヴィに対しては『GLAMOROUS』（二〇一三年休刊）といったより近い位置づけのお姉さん誌が、かつては存在していた。

［5］〈付録有無〉は、付録なしに〇を、別冊付録に一を、ポーチに二を、トートもしくはポシェットに三を与え、その豪華さを加味した順序尺度変数として操作的に定義した。

［6］紙幅の制約上、併せて一六三個の数値からなるファイ係数行列は割愛。

【文献】

石田あゆう、二〇一五、「『non-no』――「若い女性」のための総合実用雑誌」佐藤卓己編『青年と雑誌の黄金時代』岩波書店、一一一―一四二。

栗田宣義、二〇〇九、「『ファッション系統』の計量社会学序説」『武蔵大学総合研究所紀要』第一八号、一―三二。

――――、二〇一〇、「non-no ネコタロウ教授のファッション誌！ 社会学①」『河北新報』『伊勢新聞』『下野新聞』など共同通信社配信各紙、二〇一〇年二月十三日号

――――、二〇一五、「ファッション系統

の社会学」『甲南大学紀要 文学編』第一六五号、一二九—一三九。

毎日新聞社、一九九六、『読書世論調査一九九六年版』毎日新聞東京本社広告局。

日本ABC協会、二〇一五、『雑誌発行社レポート 二〇一五年一〜六月』日本ABC協会。

——、二〇一六、「データベースJABC—DB」http://www.jabc.or.jp/member 二〇一六年三月十七日確認。

日本雑誌協会、二〇一六、「印刷部数公表」http://www.j-magazine.or.jp/magadata/ 二〇一六年三月十七日確認。

難波功士、二〇〇九、『創刊の社会史』ちくま新書。

能町みね子、二〇一三、『雑誌の人格』文化出版局。

佐々木孝侍、二〇一二、「ファッション誌と痩身志向」『マス・コミュニケーション研究』日本マス・コミュニケーション学会編、第八〇号、二三一—二四八。

総務庁統計局、二〇一六、「日本の統計——年齢各歳別人口」http://www.stat.go.jp/data/nihon/02.htm 二〇一六年三月十八日確認。

富川淳子、二〇一五、『ファッション誌をひもとく』北樹出版。

渡辺明日香、二〇〇五、『ストリートファッションの時代』明現社。

◇野上元・小林多寿子編著『歴史と向きあう社会学――資料・表象・経験』（ミネルヴァ書房、二〇一五年）。

普通、社会学では古文書解読、考古学的な発掘作業等のトレーニングはしない。なぜだろうか。やはりそれは社会学が、現在に関心がある学だからであり現在に固有の関心から過去のできごとや過去に生きた人びとの論理や情緒を調べ直そうとする学だからである。本論集は、社会学が歴史と向きあうために何をしてきたのかを方法論的に整理し〈現在〉の社会学としての「歴史社会学」とは何かを考える長い序章の後「歴史資料の創造性」「歴史表象の文化政治」「歴史経験の再帰性」の三部構成で十四の章から構成されている。序章は著者（野上元）特有の粘り強い言い回しや論理展開が面白い。ただ凝縮された論理展開のため、それをすべて把握するのはけっこうなエネルギーがいるだろう。個別論考はそれぞれがとても面白く刺激的だ。序章をさらっと読み、その後の各章をじっくりと味わい、再び序章に戻りその主張を深く反芻する。そうすることで社会学が歴史と向きあう「必然」が納得でき、本書が提示したい〈現在〉の社会学としての「歴史社会学」の可能性が見えてくるだろう。（好井裕明）

◇直野章子『原爆体験と戦後日本――記憶の形成と継承』（岩波書店、二〇一五年）。

被爆七十年、原爆被害者の高齢化が進む現在、被爆の記憶の何をどのように継承していくべきか。そもそも「原爆体験」とは何か。「被爆者」というカテゴリーや「同心円的想像力」はいかに形成されてきたのか。「被爆ナショナリズム」や「平和の礎」論とは何なのか等々。著者は、被爆問題をめぐる定番の常識的な

了解図式をカッコに入れ、被爆体験、原爆体験をめぐる膨大な量の「原爆手記」にまっすぐに向きあうのだ。そして著者は手記に描かれた内容を丁寧に読み個別の情緒や思いを象徴する記述を切りだし解釈を加え、常識的な図式と当事者の個別の思いの乖離やある思いを常識的図式が抑え込んでいく力の行使の過程を明らかにする。この解読はとてもスリリングだ。被爆体験⇒核兵器廃絶・反戦平和という常識的了解図式は、明らかに戦後の政治や運動のなかで構築され今もなお構築されつつある装置だ。この装置の構築過程で原爆被害者の思いや情緒、考えの何が見落とされ、何が切り捨てられ、何が過剰に価値づけられ装置を正当化するうえで取り込まれていったのかを詳細に検証する見事な成果なのである。（好井裕明）

◇黒坂愛衣『ハンセン病家族たちの物語』（世織書房、二〇一五年）。

差別の原因を、偏見やステレオタイプといった個々人の意識や態度のあり様に求めようとする観点が往々にして見逃してきたもの。それは、国家の諸施策や制度と差別の発生との間に横たわっている深い闇の存在である。黒坂愛衣『ハンセン病家族たちの物語』は、患者家族の語る生活史の詳細な聞き取りによって、国により療養所へ強制的に収容隔離された患者のみならず、肉親を奪われたその家族たちもまた、住んでいた土地を追われ一家離散の憂き目にあったり、「ハンセン孤児」として生きていかなければならなかったという点において、まぎれもなく差別被害の当事者であることを説得的に提示した労作である。なかでも、「病気がうつるのではないか」「（外見が）気持ち悪い」といった理由から一時でも重症の肉親を忌避したことのある家族の重たい口から洩らされる、必ずしも偏見に帰すことのできない心の内から湧きおこるハンセン病に対する恐怖感や嫌悪感の存在は、一世紀にわたり国を挙げて推進されてきた摘発と予防の施策が、いかに深い傷を人びとの心に刻みつけたかを示す重要な証拠である。（三浦耕吉郎）

◇東田勉『認知症の「真実」』（講談社、二〇一四年）。

前掲著作が、一旦国家的に生成され、長期にわたって維持されてきた差別を解消させることがいかに困難であるかを示す過去と現在に向けた省察の書だとすれば、東田勉の『認知症の「真実」』は、今、まさに認知症患者への差別が、国家の医療政策のなかで生みだされつつあることを示した現在と未来にわたる警告の書である。東田によれば、認知症に対する新薬の開発や診断基準の変更といった一見純粋な医療的取り組みが、昨今の認知症患者数の「激増」の真の原因であるばかりか、新薬の過剰な投与や誤用による副作用が、結果としてより一層困難な行動・心理症状を患者にもたらしているという点で、新たな薬害を生みだしてさえいるのだという。さらに、厚労省による認知症予防キャンペーンが、様子のおかしい年寄りを病人に仕立てようとする世間の目を育て、そうされたくない高齢

者に認知症への恐怖感を植えつけているという指摘は、今日の日本社会が、まさしく新たな認知症差別の生成の局面にあることを示している。実際、ほんの二十年前まで優生保護法に中絶や不妊手術の対象としてライ疾患が掲げられていたわが国において、個人化された優生思想が今後、未曽有の認知症差別の温床とならないという保証はどこにもない。（三浦耕吉郎）

◇中村美亜『音楽をひらく――アート・ケア・文化のトリロジー』（水声社、二〇一三年）。

東日本大震災以降、「音楽の力」という言葉がしばしば使われるようになった。確かに音楽には人を励ましたり、癒したり、団結させたりする力があるように見える。本書は「音楽の力」について、あくまでも歴史の中における人間と人間との関係という視点から考察する。

著者は、音楽そのものに意味がそなわっているとする本質主義的アプローチも、音楽が果たしている機能から音楽の意味を導き出そうとする機能主義的アプローチもとらない。著者がとるのはコト的アプローチだ。これは、クリストファー・スモールの『ミュージッキング』（二〇一一年、水声社）を批判的に検討することにより導き出された、「音楽の歴史的・構造的特質に配慮しつつ、それが実際にどのような意味をもつものとして現れるかを探る」アプローチである。

セクシュアル・マイノリティの音楽団体によるフェスティバル、ＨＩＶ／ＡＩ

DSとの共生をめざす朗読と音楽のイベント、原発事故後の福島で開催された音楽イベントと、具体的なイベントについての事例研究と理論の検討との往復運動から紡ぎ出される議論は説得力がある。通常アートは文化の一部だと理解されるが、ここでは文化とアートは区別され、「文化は生の営み全体に関わることで、芸術は意志に関わることだ」とする。そして、文化とアートをつなぐのが相互行為としてのケアなのだとする。

芸術をこのような意味でとれば、現代社会の中で芸術にかかわっているのはごく一部の人ではないかということにもなるだろう。そのことも含めて、現代社会における音楽のあり方、音楽実践の方法と意義、「音楽の力」について考えさせてくれる書である。（小川博司）

◇関礼子・廣本由香『鳥栖のつむぎ——もうひとつの震災ユートピア』（新泉社、二〇一四年）。

本書は、東日本大震災による原発事故後、福島県や関東各県から佐賀県鳥栖市に避難した、六つの家族の物語と編者の解説から成る。登場する家族は、編者によれば、原発事故が起きたが故に自主的に九州に避難した「非自発的な自主避難」者である。

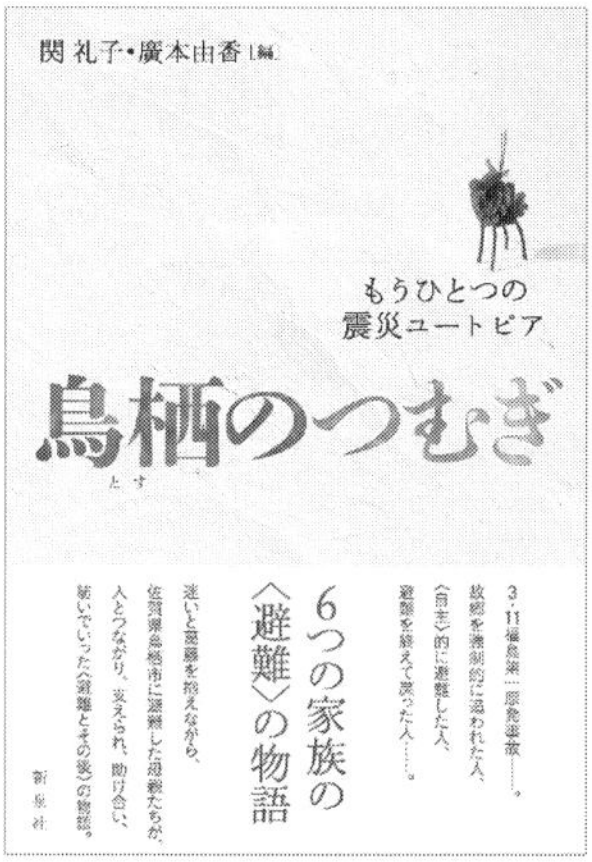

これは声高な告発本ではない。しかし、原発事故後の日本社会の問題群とそれらが生み出される構造があぶり出されている。人びとが原発事故のことを、そして子どものことをどのように考え、どのように行動していったのか、日常生活がどのように奪われ、鳥栖でどのような日常生活が営まれていったのかが「聞き書き」されている。

本書に収載されているのは、通常の意味の「聞き書き」によるものではない。まず避難した人びとと避難先で迎えた人びととが織りなす生活があり、そうした生活について避難した人びとが綴る。その綴られたものをめぐって避難した人びとと研究者たちの間でやり取りがあり、最後に六家族の綴られた物語が残る。本書は、このように幾重にも織り込まれたひとつのタペストリーのようなものである。映像によるドキュメンタリー作品とは異なる肌合がある。

編者による解説にあるように、人びとは「避難を続ける／避難を終える」選択に迫られ、心が「揺れ」る。この「揺れ」自体、原発事故がもたらした「痛み」である。ともすれば、「心の機微」

としてなかったことにされてしまいそうな「痛み」である。この「聞き書き」の手法はこうした「痛み」を静かに伝えている。この手法は今後さまざまな場面で使われてもいいだろう。（小川博司）

◇川越敏司・川島聡・星加良司編『障害学のリハビリテーション――障害の社会モデルその射程と限界』（生活書院、二〇一三年）。

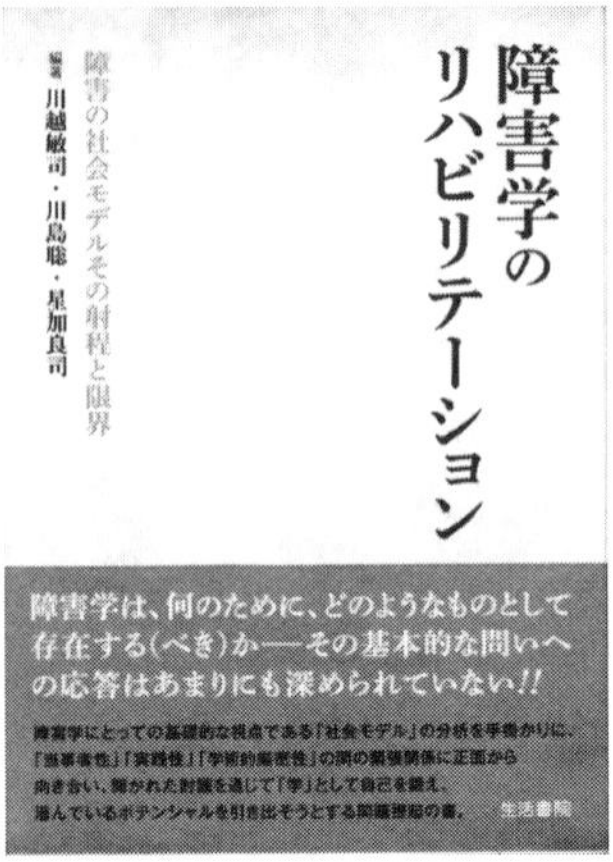

すがすがしい本だ。荒削りだけれども、基本的な時代認識が的確なので、一文を読み進めるごとに、視野が開かれていく。テーマは障害学だ。「障害学はリハ学のネガとしての側面…中略…が強かった」（三頁）。しかし、既存の学の否定形としてあるだけでは、「障害学の『学』としての自律的な発展はおぼつかない」（三頁）。だから、「障害学」の「学的基盤」を構想し直そう……。まっとうな話だ。しかし、じつは、そういう学問論だけが、本書の内容なのではない。社会の現実のダイナミックな変化に対応した実践をどう構想していくのか、という実践志向も強い。たとえば、「障害者差別解消法」をどう考えるのか。大学では、障害者への合理的配慮が（努力）義務となり、入試での対応と学内処遇部分でのシステム作りでてんやわんやだ。けれども、大学が真剣に考えなければならないのは、むしろ、（就職先でどのように働くかという出口問題を含めた）「社会における大学教育の意味の再設定」なのではないだろうか。そういう実践的示唆に繋がる点があることも、本書の価値である。「障害者」と「健常者」の分割統治の時代はもはや終わった。いまや「社会のあらゆる部分が障害問題のフィールド」（二三頁）なのである。「障害」概念そのものをも再考せんとする本書の視角を共有できれば、社会学的に、各種障害についての現代的な研究が可能になる。研究テーマに困っている人には、とくにお薦めの一冊といえよう。（樫田美雄）

◇名郷直樹『「健康第一」は間違っている』（筑摩書房、二〇一四年）。

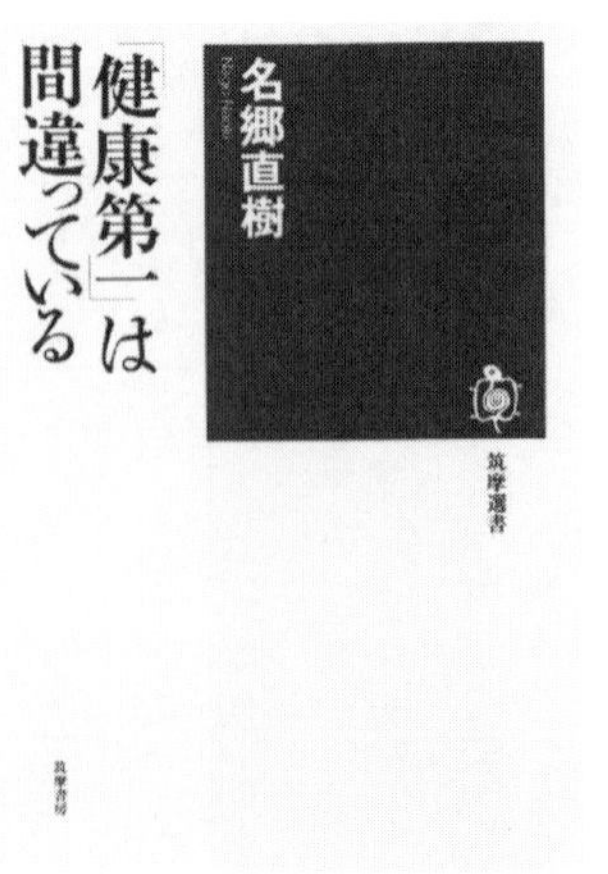

人間は長寿化しても死ななくなるわけではない。むしろ、生存曲線の傾きは急になるのである（五五頁）。そうやって

「治療」と「長寿」と「幸せ」の三位一体仮説が崩れてしまった時に、人間は、社会は、いったいどうすればよいのか。この新しい課題に名郷は果敢に挑んでいるが、この問いこそは、社会学的問いなのではないだろうか。ひとつの病気を治しても、死期についてはほとんど先送りできないというなら、治療はもはや当然の目標ではなくなってしまう。とすると、医師は、治療する人から、治療に関する意思決定を支援する人になる（はずだ）。つまりは、医療の意味が変わることになる。この変化につれて、何がどこまで変わるのか、興味は尽きることがない。（樫田美雄）

◇ロバート・A・ダール著、高畠通敏・前田脩訳『ポリアーキー』（岩波文庫、二〇一四年）。

米国政治学の泰斗ダール、主著の翻訳である（原著一九七一年）。一九八一年に三一書房から、高畠氏らによって同名で訳書が上梓されていたものの、長らく品切れが続いていた。喜ばしいことに、望まれていた良著の復活がなされたのだ。

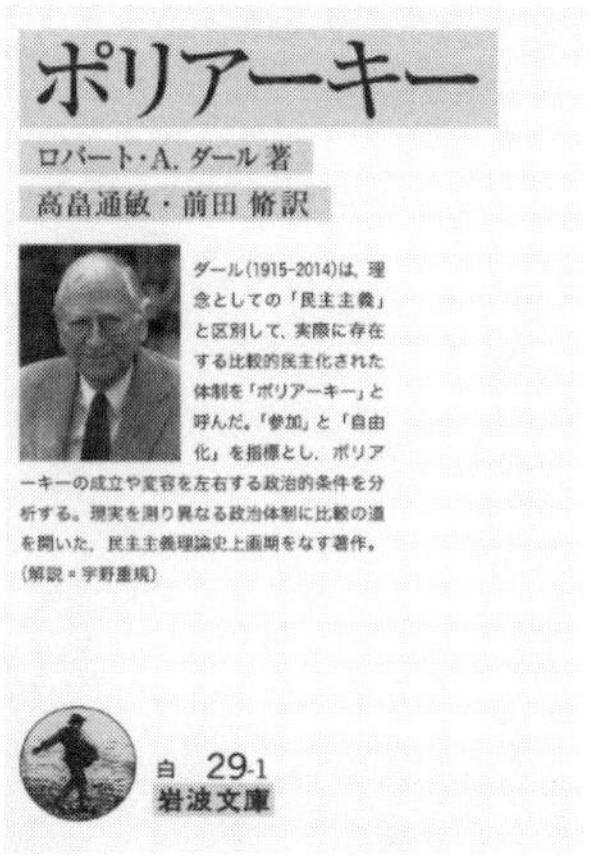

ポリアーキーとは、国政での投票など参加の包括性と、反対党の存在など公的異議申し立ての制度化によって定義される政治体制の理念型を意味したダールの造語である。民主主義を標榜していても制限選挙を行っている諸国や反対党を禁止抑圧する体制はポリアーキーではない。その双方が充たされた体制のみがポリアーキーと呼ばれるのだ。本書は、従前の理論が現存のデモクラシーの理念と実態を混同してきたことへの行動科学からの根底的な批判を内包している。ダールによれば、民主主義の国、米国ですらも完全なポリアーキーに分類されないのだから。デモクラシーという言葉を美化することは思考停止を意味する。現代日本もその例外ではない。ノルウェー移民の子として米国を愛しつつも、緻密かつ公平な分析を頗る周到な手続きで進める、社会科学、いや学問を目指す人の必読書である。これからの若い人たちに是非読んで貰いたい二十二世紀まで残したい本の一冊だ。文庫（白帯）収録を決めた岩波書店 Good Job!（栗田宣義）

◇盛山和夫『統計学入門』（ちくま学芸文庫、二〇一五年）。

二〇〇四年に上梓された盛山氏による放送大学テキストの増補改版が、昨年、ちくま学芸文庫に収録された。自戒を込めて記すが、初学者向け推測統計入門は、方程式が羅列された理工系出自の不親切なオタク本か、不偏分散の適切な

説明さえ怠った文系学者の似非学術本ばかりが目に付く。よって、初版が一九五七年、統計数理研究所の西平重喜氏による『統計調査法』（培風館）が近年まで最良本だった。そこで、全国調査の経験豊富な盛山氏による半世紀ぶりの快挙である。初学者は、「一　統計学とは何か」から「十　回帰分析」までを熟読し、推測統計の基本をしっかりマスターすることをお勧めする。一部に中級以上の内容を含む「十一　計量モデルの意味」から「十五　社会における統計」までは、読者の必要に応じて読むと良い。本書は、氏の、数ある著作の中で、研究者一般読者の敷居や学問分野の垣根を越え、広範な愛読層を獲得した好著という意味で、最も成功した一冊だ。（栗田宣義）

ネコタロウに聞け！　外伝編①

ディストピア

栗田宣義（甲南大学）

ディストピアとは、そこに住みたくはない、あってはならない、生きることの尊厳が失われた世界を意味する。地獄郷とも訳され、理想郷を指すユートピアの対語だ。神話や聖典のエピソードのみならず、数多の芸術作品のテーマとなってきた。前世紀には、短時間で成長可能な胎児が、下層労働者として大量生産されてゆくオルダス・ハクスリーの『すばらしい新世界』（光文社古典新訳文庫、原著は一九三二年）、核戦争後の世界で歴史の改竄を行う真理省記録局が登場するジョージ・オーウェルの『一九八四年』（ハヤカワepi文庫、原著は一九四九年）など、SFや近未来小説がディストピアを盛んに描いてきた。コンピュータの動力源として培養される人類の陰鬱な姿が話題をさらったハリウッド映画の『マトリックス』（ウォシャウスキー姉妹、一九九九年）もその範疇に入るだろう。ディストピアを介して同時代を風刺、批判するのが主目的となる作品群である。

ディストピア小説の最高峰、レイ・ブラッドベリの『華氏四五一度』（ハヤカワ文庫、原著は一九五三年）は、焚書の凄惨さを透明感溢れる詩的表現で描き尽くす。近未来では住宅は全て防火仕様となりFiremanの仕事は火消しではなく火付けである。華氏四五一度とは、紙の発火温度。本の所持を禁じられた世界で、本を焼き尽くすことが、おぞましいことにFiremanの使命なのだ。体制批判や革命の檄文だけが焚書の対象ではない。「哲学だの社会学だの、物事を関連づけて考えるような」書籍は勿論のこと、旧約新約聖書、プラトン、シェイクスピアまでもが禁止されている。読書を通じて思索を育むことが、この社会では有害なのだ。体制が提供する規格化された情報環境に馴化され、与えられた娯楽に耽溺する市民たち。考えることを止めた人間は無力である。その肉体は脆弱で儚いものの、パスカルの言う「考える葦」としての人間は、思想哲学文学歴史やその語り部のお陰で、権力者による恣意と収奪と暴力からの抵抗を続けてきたからだ。先人の智慧や体験を凝縮した本や物語のちからによって、人は人たり得てきた。電子技術が圧倒的勝利を得る前世紀末までは。バリー・サンダースは、コンピュータが本に取って代わり、物語の伝統や読み聞かせの機会を失うことへ警鐘を鳴らした。『本が死ぬところ暴力が生まれる』（新曜社、原著は一九九五年）のだから。

「Firemanはまだ存在しない」が現代の焚書はブラッドベリの想像すら凌駕する。サンダースの予言は成就し、スマホやタブレットが紙の本の価値を見事に無効化した。インターネットの普及が一方向的なマスコミュニケーションの防波堤たり得るといった前世紀の楽観は、ＳＮＳ全盛の現代にあって逆説的にも崩れ去る。情報洪水の中で真のシグナルがノイズとして葬られ、中道を装ったノイズが偽のシグナルとして跋扈する。二〇〇三年版の『一九八四年』解説でトマス・ピンチョンが記したように、表向きは自由とされる現代の報道機関でも、「あらゆる〝真実〟は、同等の価値を持つ正反対の情報によって即座に去勢される」。不都合な真実には目を閉じるだけで良い。ＬＩＮＥで自分を褒めてくれるスタンプが嬉しいように、ツイッターでのタイムラインは、認知的不協和を嫌い、正常性バイアスを高めるツイートとリツイートで埋め尽くされる。見たくない情報は即、排除だ。かつてヘルベルト・マルクーゼが懸念した、肯定的思考が支配的な『一次元的人間』(河出書房新社、原著は一九六四年)の時代なのだ。

© Sayuri Kajiwara 2016

物理的な災厄に目を転じれば、欧州への移民難民の事例を持ち出すまでもなく、人類はディストピア小説が描く以上の地獄に見舞われている。日本も無縁ではない。福島原発の事故直後、文部科学副大臣は、内閣官房参与の平田オリザ氏に首都圏住民数千万人避難を想定した、「国民のみなさまの健康に影響を及ぼす被害の可能性が出てまいりました」「西日本に向かう列車などに、妊娠中の方、乳幼児を連れた方を優先して乗車させていただきたい」「国民一人ひとりが、冷静に行動し、いたわり合い、支え合う精神で、どうかこの難局を共に乗り切っていただきたい」という文言を含む首相談話草案を書かせている(『東京新聞』二〇一六年二月二〇日朝刊)。言霊の才に恵まれた劇作家オリザが描いた東京終焉のシナリオは、関係者の死を賭した奮闘と、いくつかの奇跡天佑によって公表されることはなかった。だが、二〇一一年三月十一日十九時十八分に発令された原子力緊急事態宣言は未だ解除されてはいない。生活の手立てと住処を失った人びとの艱難辛苦、膨大な汚染水と目処が立たない廃炉処理、放出され続ける放射性物質と被曝による健康被害。海外発の率直な見解を読んでみると良い。地獄郷を描いた近未来小説が皆陳腐に写るほどに、現代日本はディストピアの渦中のままである。

■編集後記

思い起こせば、『新社会学研究』の初回同人会議は、創刊号上梓に先立つおおよそ一年半前、二〇一五年五月に開かれ、今号の二つの特集の立案、その編集方針や同人による連載、書評などの企画が、小川邸に於いて、食事と酒を愉しみつつも、丁々発止の議論を経て、纏められていった。小川シェフの手による美味なるイタリア料理と、同人持ち寄りによるチーズやワイン、さいぼし、スイーツやフルーツ。色鮮やかで美しい野菜や肉類、飲料によって彩られた初回会議の宴こそ、今思えば、新雑誌の誕生とその思想のメタファーではないか。

寄稿者投稿者をはじめ、各自の最善最良を尽くした思い思いの「食材」すなわち論稿、エッセイ、連載が「料理」と成り、同人の理念という香味を加えた『新社会学研究』という「器」に盛られ、新曜社という格調高き「レストラン」で供されることになった。われわれは、レヴィ＝ストロースが『野生の思考』で説くところのブリコラージュを目指そう。持ち寄った機知と協業と扶助に基づく有意味なる創造を志し、本来あるべき価値の地平を見出してゆこう。『新社会学研究』の初期値を定めた同人会議の料理と宴のように。

そして、新曜社社長、塩浦暲氏の海原のごとく広く深い厚情と、編集担当、高橋直樹氏の類い稀なる尽力を賜ることが無かったならば、新雑誌の発刊は到底叶わなかったことを、ここに改めて記す。両氏に篤き感謝を尽きることなく申し上げたい。

最後に、一言どうしても記さねばならないことがある。本誌が、取次流通の関係で『新社会学雑誌』としての創刊直後に、『新社会学研究』へと改名を行ったことだ。十月初旬に上梓された『新社会学雑誌』と読者の皆様がいま手になさっている『新社会学研究』の中身は変わらない。従って、本誌は、第一号において、改名前の版と改名後の版が存在することになる。内容は同一ではあるが、発行日が異なる別の版だと思って頂きたい。

以下、御願いです。お手数おかけしますが、本誌からの引用の際には、実際に用いた『誌名』ならびに号数に基づいて引用して下さいますよう御願い申し上げます。

栗田宣義、好井裕明、三浦耕吉郎、小川博司、樫田美雄

編者紹介

好井裕明（よしい　ひろあき）

日本大学文理学部社会学科教授。
専門は、日常的差別のエスノメソドロジー、映画の社会学。
著書に『批判的エスノメソドロジーの語り』（新曜社）
『ゴジラ・モスラ・原水爆』（せりか書房）
『「あたりまえ」を疑う社会学』
『違和感から始まる社会学』（いずれも光文社）
『差別原論』『差別の現在』（いずれも平凡社）
『排除と差別の社会学』（新版）（有斐閣）ほか。

三浦耕吉郎（みうら　こうきちろう）

関西学院大学社会学部教授。
専門は、生活史、差別問題、環境社会学、質的調査法
著書に『環境と差別のクリティーク』（新曜社）
『屠場　みる・きく・たべる・かく』（編著、晃洋書房）
『構造的差別のソシオグラフィ』（編著、世界思想社）
『社会学的フィールドワーク』（共編著、世界思想社）
『新修福岡市史　民俗編 2』（共著、福岡市史編集委員会）ほか。

小川博司（おがわ　ひろし）

関西大学社会学部教授。
専門は、メディア文化研究、音楽社会学。
著書に『音楽する社会』（勁草書房）
『メディア時代の音楽と社会』（音楽之友社）
『波の記譜法～環境音楽とはなにか』（共編著、時事通信社）
『クイズ文化の社会学』（共編著、世界思想社）
『メディア時代の広告と音楽』（共著、新曜社）ほか。

樫田美雄（かしだ　よしお）

神戸市看護大学看護学部准教授。
専門は、福祉社会学、医療社会学、高等教育論。
著書に『いのちとライフコースの社会学』（共著、弘文堂）
『エスノメソドロジーを学ぶ人のために』（共著、世界思想社）
『研究道――学的探求の道案内』（共編著、学文社）
D・メイナード『医療現場の会話分析』（分担訳、勁草書房）
『［新版］構築主義の社会学』（共著、世界思想社）ほか。

栗田宣義（くりた　のぶよし）

甲南大学文学部教授。
専門は、文化社会学、理論社会学、社会運動論。
著書に『マンガでわかる社会学』（オーム社）
『社会学』（ナツメ社）
『トーキングソシオロジー』（日本評論社）
『世界第一簡單社會學』（世茂出版、台湾）
『社会運動の計量社会学的分析』（日本評論社）ほか。

新社会学研究　2016年 第1号

初版第1刷発行　2016年11月1日

編集同人　好井裕明・三浦耕吉郎・小川博司
　　　　　樫田美雄・栗田宣義

発 行 者　塩浦　暲

発 行 所　株式会社　新曜社
101-0051　東京都千代田区神田神保町3-9
電話（03）3264-4973（代）・FAX（03）3239-2958
e-mail : info@shin-yo-sha.co.jp
URL : http://www.shin-yo-sha.co.jp

印　　刷　新日本印刷

製　　本　イマキ製本所

Printed in Japan　ISBN978-4-7885-1503-1 C3036